राही डूमरचीर

राही डूमरचीर का जन्म 24 अप्रैल, 1986 को डूमरचीर, संताल परगना, झारखंड में हुआ। दुमका में शुरुआती तालीम के बाद शान्तिनिकेतन, जवाहरलाल नेहरू विश्वविद्यालय और हैदराबाद विश्वविद्यालय से पढ़ाई पूरी हुई।

'आलोचना', 'सदानीरा', 'कृति बहुमत', 'समकालीन जनमत', 'अमर उजाला' आदि पत्र-पत्रिकाओं में उनकी कविताएँ प्रकाशित हैं। 'गाडा टोला' उनका पहला कविता-संग्रह है।

इन दिनों आर.डी. एंड डी.जे. कॉलेज, मुंगेर, बिहार में अध्यापन कर रहे हैं।

ई-मेल : rdumarchir@gmail.com

गाडा टोला

राही डूमरचीर

राजकमल पेपरबैक्स

राजकमल पेपरबैक्स में
पहला संस्करण : 2024

राजकमल पेपरबैक्स : उत्कृष्ट साहित्य के जनसुलभ संस्करण

राजकमल प्रकाशन प्रा. लि.
1-बी, नेताजी सुभाष मार्ग, दरियागंज
नई दिल्ली-110 002
द्वारा प्रकाशित

शाखाएँ : अशोक राजपथ, साइंस कॉलेज के सामने, पटना-800 006
पहली मंजिल, दरबारी बिल्डिंग, महात्मा गांधी मार्ग, प्रयागराज-211 001
1, अनमोल सोराबजी सन्तुक लेन, धोबी तलाव, मरीन लाइंस, मुम्बई-400 002
वेबसाइट : www.rajkamalprakashan.com
ई-मेल : info@rajkamalprakashan.com

विकास कम्प्यूटर एंड प्रिंटर्स
ट्रॉनिका सिटी-201 102
द्वारा मुद्रित

मूल्य : ₹199

GADA TOLA
Poetry by Rahi Dumarchir

ISBN : 978-93-6086-966-3

बाँसलोई के लिए

क्रम

गाडा टोला

छाँव

रास्ते हों
तो दरख़्त भी हों
कविता में इतनी छाँव
ज़रूरी है

अभी नहीं कहना है तुम से

दूर हो गई हो तुम
जब जी चाहे नहीं हो पाती है बात
वह एक पैर वाली मैना अब भी आती है आँगन में
पर आँगन से दिखने बन्द हो गए हैं पहाड़
ख़ुश हैं तुम्हारे जाने के बाद
देहात से क़स्बे में तब्दील होते यहाँ के लोग
ख़ुश हैं कि उनकी छत से दिखता है पहाड़
फ़र्क़ है दोनों में चीख़कर कहना चाहता हूँ
पर कहाँ समझा पाता हूँ कोयले की दौलत में सने लोगों को

रिश्ते का बोझ पहाड़-सा लिये घूमने वाली
अपने आस-पास की दुनिया को
पहाड़ बोझ नहीं प्यार है—
कहना चाहता हूँ

पहाड़ को हिंदी के मुहावरों से छुड़ाए बिना
भाषा में कैसे बरत पाऊँगा अपने प्यार को
यह कितना अजीब सौन्दर्यबोध है,
'हमारे बीच एक जंगल है जो मिलने नहीं देता'—कहने वाले
प्रकृति के अप्रतिम सौन्दर्य के कवि हो गए
उतने ही कमाल के हैं इनके रूपक—
नदी को बाधा माना
गहरे घने हरहराते पेड़ों को
भूतों का डेरा
कोयले की खान को
हसरत से देखा
जंगलों को उजाड़कर बसाई व्यवस्था को
प्लांट कहा
नहीं! अभी नहीं कहना है तुमसे

जंगल की ख़ुशबू से भरी
तुम्हारी आँखों को
झरने की तरह बातें करता देखता
बैठा रहा हूँ सदियों बाँसलोई किनारे
पर! अभी नहीं कहना है तुम से
अभी तो वह भाषा सीखनी है
जिसमें बाँसलोई से बतियाता है जंगल
अभी तो बाँसलोई की बालू का
हरेक कण भारी है मुझ पर

गाडा[1] टोला

[एक]

हर बार पहाड़ से टकरा रही होती सड़क
मुड़ जाती थी
पहाड़ किनारे होते हुए
पीछे छूटते जाते थे
मेरा सफ़र जारी रहता था

ज़िन्दगी में कुछ 'बनने' की चाहत में
पहाड़ पीछे छूटते गए
नदियों को गाड़ी की खिड़की से
जी भर के देख पाता

1. नदी।

उससे पहले ही ख़त्म होती रहीं

बचपन का हमराज़
सखुआ का जंगल भी
इधर कम आता है
गाहे-बगाहे बतियाने

सबकुछ बदलता रहा वहाँ
सब बदलते गए वहाँ
सिवाय मेरे अन्दर—
जहाँ गाडा टोला के सबसे आख़िरी घर में
आज भी रहता है पुरखे बास्की वैसे ही

आह! पुरखे
तुम क्यों चले गए मिज़ोरम
सब छोड़-छाड़कर
मेरे बचपन के साथी पुरखे
क्या इतनी भी ताक़त मेरी क़लम को नहीं दे सकते
कि लौटा सकूँ तुम्हें वापस
तुम्हारे उसी गाडा टोला के
सबसे आख़िरी घर में

[दो]

हर गाँव में अमूमन
होता था एक गाडा टोला
कभी-कभी दो भी

चेतान[1] गाडा टोला
लातार[2] गाडा टोला
नदी आते-जाते
सब बोलते बतियाते गुज़रते थे गाडा टोला से
सबसे ज़्यादा रौनक़ होती थी गाडा टोला में

सब तरफ़ के गाँव
नाचते-नाचते थककर जब सो जाते
थम जाती उनकी लय
तब सबसे देर तक आती थी
आवाज़ माँदर की गाडा टोला से

नदी के उल्लास की ख़ुशबू
हर ओर गूँजती थी
गाडा टोला में

फिर पुरखे बास्की चला गया मिज़ोरम
दिवीलाल हेम्ब्रम कश्मीर
एदेल किस्कू असम
बेदे टुडू बंगाल
इस तरह
जीने-बचने की जुगत में
छोड़ते गए गाडा टोला सब
एक-एक कर

अब वहाँ एक गाँव आबाद है
जिसमें कोई सन्ताल नहीं है

---

1. ऊपर, 2. नीचे।

[तीन]

नदी किसी दिन सूख जाएगी
सोच ही नहीं पाए कभी
लगा ही नहीं कि
पहाड़ों से बार-बार
कूदती-फाँदती आती नदी
छोड़कर चली जाएगी
हमें एक दिन

कहाँ सोचा था
हमें बिना बताए
किसी रोज़
हमारे बीच से
चला जाएगा
गाडा टोला भी
चुपचाप

[चार]

मिट गया
गाडा टोला से होकर
नदी जाने वाला रास्ता

नदी भी स्मृति
हो गई है अब
मिटते क़दमों वाले

साथ ले गए गाडा टोला
और रूह नदी की

[पाँच]

हुलास मारती है नदी
सबसे पहले दिल के भीतर
नक़्शे पर
तभी जनमता है गाडा टोला

पहले अन्दर मारी जाती है नदी
तब मिटता है नक़्शे से गाडा टोला

शालघाटी

[एक]

नदी थीं तुम
पहाड़ के साथ मुड़ गईं
मैं तुम्हारे मुड़ने के सौन्दर्य में खोया
सखुआ का जंगल हो गया
अब तुम नहीं हो
सिर्फ़ तुम्हारा मुड़ना बचा है यहाँ
मुझे भी
कोयले की खानें
पत्थर की खदानें
कब की लील चुकी हैं

तुम्हारे जंगल के
आख़िरी बचे पेड़ की तरह
फिर भी बचा हुआ हूँ यहीं

जो फिर से तुम्हें
मौज से
एक बार मुड़ते देखना चाहता है

[दो]

तुम्हें वह
शालघाटी गाँव याद है
अब वहाँ न शाल बचे हैं
न घाटी ही बची है

तुम्हारे साथ भागते हुए
घाटी के किनारों तक पहुँचकर
कितनी बार हरहराते जंगल को देखते
थम गए थे हम
कितने अपनेपन से तुम
दूर से ही हर पेड़ का नाम बतातीं
और हँसकर उनसे उनकी उम्र पूछतीं

तुम वह पेड़ हो
जो बचने की उम्मीद लिये
शहर चली गईं
मैं शालघाटी में बैठा
इन्तज़ार में हूँ तुम्हारे
शायद किसी दिन लौटो
न भी लौटो
तो बचे हुए पेड़ों की उम्मीद बच रही है अभी

[तीन]

बताया घाटी के
सबसे किनारे वाले पेड़ ने
मेरी ख़बर
उस आख़िरी दिख रहे जंगल के
सबसे किनारे वाले पेड़ तक पहुँचा दी गई है

पर वहाँ से
कई रात दूर
जहाँ तुम रहती हो
पेड़ों की संख्या कम होती जा रही है
इसलिए एक दूसरे के पास बैठकर बतियाने के लिए
हवाओं के चलने और शहर के सोने का
इन्तज़ार करना पड़ता है पेड़ों को

देर से ही सही
पर तुम तक ख़बर पहुँची है
इन पेड़ों के लिए और मेरे लिए
ये ख़बर बड़ी है

[चार]

तुम्हारी ख़बर देते हुए
बताया घाटी के सबसे किनारे वाले पेड़ ने
तुम आना चाहती हो

पर यहाँ से
बहुत रातों की दूरी पर
जहाँ तुम रहती हो
वहाँ पेड़ों की संख्या कम है

वहाँ तुम्हारा रहना ज़रूरी है
यह उन पेड़ों की ख़ुशी का मामला है

[पाँच]

बच रहे
पेड़ों ने कहा—
उससे कहना अब न आए यहाँ
तुम भी ढूँढ़ो कोई नया ठिकाना

अब हमारी बात करना सुरक्षित नहीं यहाँ
शाम ढले हमारे ही तले बैठकर
हमारे लोग, हमारे ही ख़िलाफ़
साज़िश करने लगे हैं यहाँ

दुमका

[एक खड़िया दोस्त का ख़त]

[एक]

इससे पहले
महज़ उपराजधानी था मेरे लिए
अब मेरी रातों में
जागता है दुमका
अपने छोटे-छोटे धड़कते
सपनों के साथ

[दो]

नदियाँ जो चारों तरफ़ से
दुमका को घेरे हुए हैं
नदियाँ जो वीरान हो गईं

लूट लिया गया
जिनके बालू और पानी को
दुमका की कहानी कहती हैं

[तीन]

दुमका नहीं आता
तब देख ही नहीं पाता
कि दुनिया में इतने सन्ताल भी बसते हैं
झारखंड के एक बड़े नेता के
आलीशान आवास के ठीक बाहर
अब भी एक वृद्ध सन्ताल दम्पती बेचता है हँड़िया

[चार]

दुमका नहीं आता
तब पता ही नहीं चलता
कि बोलने में थोड़ा सुर मिलाने से
गीत बनता है
चलते हुए थोड़ा हिलने से
नृत्य बनता है

[पाँच]

दुमका नहीं आता

तब पता नहीं चलता
कि भूखे-प्यासे दुमका के हाथ
भात खिलाते हैं बंगाल को
बांग्ला कविताओं में हरियाली की वजह
कुछ यह भी है

[छह]

दुमका का पानी
दुमका के बाँध में रुकता है
पर जाता है बंगाल
बंगाल के खेत सींचता
रोता रहता है
दुमका

[सात]

बांग्ला साहित्य में
बारम्बार आए दुमका के बंगाली,
दुमका में कम
'सोनार बांग्ला' में ज़्यादा जीते हैं
दुमका आज भी उनके लिए कॉलोनी सरीखा है
और वे यहाँ के बाबू साहब

[आठ]

दिकू होता जा रहा
बहुत भ्रमित है दुमका
मारवाड़ियों, बंगालियों, बनियों के बीच
अपनी पहचान को पाने के लिए
तड़प रहा है
दुमका

[नौ]

बाहर की छोड़िए
उपराजधानी होते हुए
राँची में अल्पसंख्यक है
दुमका
दुमका कहने से राजधानी में आप
झारखंडी होने का बोध नहीं पा सकते

[दस]

बहरहाल, फ़ोन करता हूँ दुमका
पूछता हूँ—कुएँ में पानी का स्तर
क्या अब भी उतना ही है ऊपर?
जवाब पाकर होता हूँ आश्वस्त
कि अब भी बचा हुआ है
दुमका!

असुर हेम्ब्रम

'ओड़मो निवासी असुर हेम्ब्रम की
सन्दिग्ध हालत में लाश बरामद
पुलिस की प्राथमिक जाँच में
असुर हेम्ब्रम के अत्यधिक नशे में होने की आशंका'—
अख़बार के एक कोने में छपी
इस ख़बर को पढ़ते हुए
महाजन जी झल्लाए—
'एक दिन सब मरेगा दारू पी के
कुत्ता जइसा पड़ा रहेगा सड़क किनारे'
और पन्ना पलट दिया

सलमान ख़ान की शादी की
नई ख़बर में गुम होते हुए कहा—
'लाइफ तो इसी मुल्ले का है'

तभी बारह साल का उनका बेटा
दौड़ता हुआ आया और बोला—
'पापा, मम्मी बोली
दुमका वाला गाड़ी को
आज पैसा दे दीजिएगा, दवा लाने के लिए'
'ई औरत को भी
मेरे ही माथे पड़ना था'—
झल्लाते हुए वे उठे और घर से बाहर निकल गए

उधर असुर हेम्ब्रम के गाँव से
पुलिस अपनी जाँच पूरी करके वापस आ गई
जाँच क्या थी लीपापोती थी
जैसा आदिवासियों के मामले में होता रहता है
पुलिस की उपस्थिति में
उनकी लाश को दफ़नाया गया
और थाना वापस आकर
पेड़ से उनके गिरकर मरने को दर्ज कर लिया गया

पत्नी के लगातार इसरार के बावजूद
उनके बेटों का इन्तज़ार नहीं किया गया
जो उस समय गाँव से बाहर थे
एक पास के गाँव में घर-जमाई रह रहा था
दूसरा ईंट-भट्टे पर काम करने
बिहार गया हुआ था

छोटा बेटा भट्टे से लौटा, ख़बर पाकर
आने के बाद से ही
थाने के चक्कर लगाता रहा लगातार

वह पुलिस से कहता रहा
कि उसके पिता की हत्या हुई है
पर पुलिस उसे टरकाती रही
कहते हुए—
'असुरवा को कौन मारेगा जी
पी के गिर गया होगा पेड़ से
मर गया होगा'

पुलिस के चक्कर वह लगाता रहा
पर पुलिस ने एक नहीं सुनी उसकी
उसने ज़िला जाकर डीसी एसपी एसडीओ
सभी के दफ़्तर में गुहार लगाना शुरू किया
ज़िले में उसकी ज़िद्दी कोशिश ने, कुछ लोगों
और स्थानीय ख़बरों को प्रभावित करना शुरू किया
आज छह महीने बाद
अख़बार में फिर से ख़बर छपी है
असुर हेम्ब्रम की—
'बेटे की शिकायत पर
छह माह पूर्व दफ़नाए गए
साठ वर्षीय असुर हेम्ब्रम के शव और विसरा को
एसडीएम के आदेश पर
पोस्टमार्टम और फोरेंसिक के लिए राँची भेजा गया
बीडीओ की उपस्थिति में
सारी कार्यवाही पूरी की गई'

इस बीच एक परिवार बर्बाद हो गया
न्याय की उम्मीद में पथराती आँखों को देख
धरती थोड़ी और बूढ़ी हुई

थोड़ी और तड़पी

असुर हेम्ब्रम पहले नहीं थे
उनसे पहले भी उनके लोग
अपने नाम और पहचान की वजह से
किसी जाँच का हिस्सा नहीं बन पाए
इधर एक सी. आर. पी. एफ. का बड़ा कैम्प
नए खुलने वाले कोयला-खदान की सुरक्षा के मद्देनज़र
ओड़मो गाँव में स्थापित हो रहा है

महाजन जी आश्वस्त हो रहे हैं, यह ख़बर पढ़ते हुए—
'अब न पता चलेगा
नक्सली लोगों को'

बाँधकोय

सन्ताल परगना प्रमंडल के
पाकुड़ जिला में
अमड़ापाड़ा प्रखंड के अन्तर्गत
डूमरचीर ग्राम पंचायत है
यहाँ से पश्चिम की तरफ़
छोटी-सी चढ़ाई के बाद
बाघापाड़ा गाँव आता है
फिर सखुआ के जंगल से गुज़रने पर
एक जगह आती है—बाँधकोय

जहाँ बाहा किस्कू और रिमिल टूडू के घर
एक असाधारण घटना
आज बेहद साधारण तरीक़े से रूप लेने वाली थी
बाहा गर्भवती थी

आज उनके बच्चे के होने की तारीख़ थी
सारा घर हँड़िया की ख़ुशबू से भरा पड़ा था
दादा और दादी की ख़ुशी
बाप की ख़ुशी से भी ज़्यादा थी

अचानक जच्चा का चिल्लाना शुरू हुआ
दो-तीन घंटे हुए
चार-पाँच घंटे हुए
जच्चा का चिल्लाना बन्द न हुआ
फिर किसी बड़े बुज़ुर्ग के कहने पर
खटिया पर लादकर
खेतों की पगडंडियों के ऊपर से
बाँधकोय से बाघापाड़ा होते हुए
डूमरचीर लाया गया
दो घंटे के इन्तज़ार पर एक सवारी
अमड़ापाड़ा के लिए मिली
फिर अमड़ापाड़ा से उसे
पाकुड़ के ज़िला अस्पताल ले जाया गया

जच्चा बच्चे को लिये
अस्पताल के अन्दर गई
बच्चा बाहर आया
पर
जच्चा अन्दर ही रह गई

वे लोग फिर से वापस जा रहे थे
उस बच्चे के साथ—
पाकुड़ से

अमड़ापाड़ा
डूमरचीर
बाघापाड़ा होते हुए
बाँधकोय

एदेल किस्कू

[एक]

तुम्हें सोचते हुए
ख़ुद को देखता हूँ
तो सुन्दर दिखता हूँ
उमड़ता है अनचाहा प्यार

इस तरह से तुम्हें सोच पाना
मुमकिन हुआ है
कितनी रातों की
बेतरतीबी के बाद
जैसे बहुत इन्तज़ार के बाद
महुआ से मिलने की आस में
आसमान को तकती है घास

मेरे पैदा होने के सैकड़ों साल पहले से
बाँसलोई तुम्हें जानती है
हर बरसात तुम्हें देखने आती रही हरहराती
साल-भर धूप सहते अपने चट्टानों के सीने में
आस-भरी नमी भरकर जाती रही
पहचानता है सखुआ का जंगल भी
जो हर पतझड़ में अपने पत्ते गिराता इस आस में
कि पत्तों की खड़खड़ाहटों से जान ले तुम्हारा आना

तुम्हारी आस में
जंगल नहीं भूले हरा होना
नहीं भूला केंदू भी टह-टह पीला होना
ये बचे रह गए पहाड़
जंगल के पेड़
बाँसलोई का पानी
गवाह हैं उम्मीद के बचे होने के

अन्ततः तुम भाग ही आईं
असम के चाय बागानों से...

[दो]

बेतरह हँसी फूट रही थी
दोनों की अब तक
बतियाते घंटा बीत गया था
फ़ोन पर

'बाहा परब[1] में आओगी?'—इस सवाल के बाद
थोड़ी देर के लिए मौन पसर गया दरमियाँ
लगा पूछने के लिए पूछना कितना ख़राब है
बात को सँभालते हुए मैंने पूछा—
'फ़ोन नया ले लिया'
हाँ! कल ही लिया है
लेकिन पहले वाला फ़ोन ही ज़्यादा पसन्द था
बहुत समय उसने तुम्हारी हथेलियों में जो बिताया था
मैं यहाँ चाय बागानों में
तुम्हारे स्पर्शों में ही बची हुई हूँ

कोई हमारी भाषा नहीं बोलता यहाँ
हमारे लहजे तक में हमसे नहीं बतियाता
दूसरों की भाषा न जानना स्वाभाविक है
पर इंसान ऐसा क्यों हो जाता है?
अपनी ही भाषा में इतना कड़वा कैसे हो जाता है?

छोड़ो! तुम बताओ कहाँ-कहाँ घूम आए इस बीच
मुझे तो अब आदत हो गई है इन बातों की—
तुम्हारा मामा ही कितने प्यार से बोलता था
पर क्या फ़ायदा हुआ
हमारा खेत तो अब वही जोतवा रहा है न
मछली भी वही खा रहा है पोखरा का
इस बार शायद बाबा की आख़िरी याद
उस कटहल के पेड़ को भी बेच दे

---

1. बसन्त के मौसम में होली के आस-पास संताल आदिवासियों द्वारा मनाया जाने वाला त्योहार।

सोच के भी काँप उठती हूँ
कि साथ बिताये हमारे उस छाँव पर भी
आरी चला देगा वो
इतना मीठा बोलता था
कि कटहल के लट्ठा जैसा फँस गए
सेमल के पेड़ को बेच दिया और मैं उसकी रुई की तरह
उड़ती हुई चायबागान में आ कर फँस गई

तुमको बहुत पसन्द था सेमल का गाछ
प्यार से हमको एदेल[1] बुलाते थे तुम
क्या पता था मेरे ही नाम का काँटा
मुझे ही चुभ जाएगा
जब काटकर पटरा निकाला जा रहा था उसका
बाबा खटिया में आख़िरी साँस ले रहे थे
तुमको बहुत याद किये थे
बोले थे—हो सके तो दूर रहना उससे, उसके ही लिए
वह सिर्फ़ सेमल का फूल देख रहा है
काँटा नहीं सह पाएगा बेचारा

बाबा के बाद कौन बचा था
जो घर चलाता
आयो का हालत तो जानते ही थे
तुम्हारा घर वाला बहुत मदद किया लेकिन
हमारी ही ज़मीन पर हमको रोज़गार दे दिया था
बदले में बचने भर भात-तरकारी भी दे देता था
ऐसा कितने दिन चलता

1. सेमल।

इसलिए रमकू के साथ चले आए असाम

अच्छा लगता है तुमसे बात करके
फ़ोन पर भी हँड़िया जैसा महकता है तुम्हारा मुँह
भरोसा भी होता है
पर...
अच्छा सुनो!
तुम अगर सचमुच जानना चाहते हो
तो ठीक से सुनो—बाहा परब में तो नहीं आ पाऊँगी
पर आऊँगी ज़रूर
इस बार बरसात में आऊँगी
गाडा टोला के अपने उसी घर में हमेशा के लिए
अपना खेत इस बार मैं ही जोतूँगी
और मछली भी मैं ही पालूँगी अपने पोखरा में

हिम्बो कुजूर

कोड़ा कमाने गए थे
असम के गझिन चाय बागान
शिलांग के सड़क की अठखेलियाँ
लखीमपुर के बूढ़े दरख़्त
पहचानते हैं हिम्बो कुजूर को
चाय बागानों में छूटे रह गए गीत
तड़पते हैं उनकी माँदर की ताल को

जाड़ा-बरसातों में घर से रहते दूर
बच्चों की पढ़ाई के लिए
सारी कमाई भेजते रहे थे देस
बढ़ते हुए बच्चे पढ़ते रहे
नौकरी मिलते ही बड़ी बेटी
बेहद मनुहार से वापस ले आई उन्हें

छोटानागपुर की याद उन्हें भी सताती थी
उनके हर गीत जंगल-नदियों को ही पुकारते थे

अनगिनत क़िस्सों के साथ वापस लौटे हिम्बो कुजूर
गीत जो जवानी में वे छोड़ गए थे
आकर खेलने लगे उनके माँदर पर
भूले-बिछड़े रागों ने भी भरी अँगड़ाई
रीझ ने अपना रंग पा लिया था जैसे
जब भी वह माँदर को बजाते-बजाते
अपने पंजों पर बैठकर उठते थे
झूम उठती थी तरंग-सी अखड़ा की टोली
हिम्बो कुजूर जैसा रीझवार पूरे गुमला ज़िले में नहीं था

फिर एक दिन
जब घर बनाया जा रहा था 'ठीक' से
पहाड़ किनारे वाले अपने पुश्तैनी घर में वापस लौट आए
पुराना मिट्टी का बना मकान था
जिसके आँगन से पहाड़ दिखता था
पहाड़ की तरफ़ मुँह करके
आँगन में जब वह माँदर पर ताल देते
पूरा गाँव जुट जाता था दिन-भर की थकान भुला
फिर देर रात तक चलता गीतों का सिलसिला
पुराने-पुराने पुरखों के गीत
जीवन के रंगों से लबालब गीत

अब उनका एक नाती है आठ साल का
उनके साथ अपनी नन्ही उँगलियाँ फेरता है माँदर पर
पुरखों के क़िस्से सुनता है अनगिनत अपने आजा से

पूछ बैठा एक दिन—
कितना तो सुन्दर घर बनाया है आयो ने
आपके लिए अलग से एक कमरा भी है
जैसा मेरा है
आप क्यों चले आए हमें छोड़कर यहाँ आजा?
चिहुँकते हुए कहा उसने—
पता है छत से आपका पहाड़ भी दिखता है

मुस्कुराते हुए कहा हिम्बो कुजूर ने
थोड़ा और बड़े हो जाओ
बढ़ जाए दोस्ती माँदर से और थोड़ी
तब समझ पाओ फ़र्क़ शायद
आँगन से पहाड़ नहीं दिखता अब वहाँ
इसलिए चला आया यहाँ वापस

आज हिम्बो कुजूर को
उनके ही गाँव की लावा नदी से
बालू ढोने वाली एक अनजान ट्रक
नई पक्की बनी सड़क पर कुचलकर चली गई

अमित मरांडी

सालों पहले
मेरे दोस्त
अमित मरांडी ने
एक विषय सुझाते हुए
कहा, इस पर कविता लिखो कभी—
"जंगल में बेख़ौफ़ चर रहे हैं जानवर
और पेड़ की छाँव में निश्चिन्त सोए हैं चराने वाले"

अमित की बात को तब हँसकर बेपरवाही से टाल दिया था
तब अपनी जगहों से बाहरियों वाली हमदर्दी थी
इसलिए हर चीज़ में कविता दिख जाती थी, पर
भरोसे का वह इत्मीनान नहीं दिखता था पसरा हुआ
जिससे सराबोर थी पहाड़ों की ज़िन्दगी
तब नहीं जानता था कविता से भी प्यारी कई चीज़ें हैं दुनिया में

कि कविता भी उन्हीं के शामिल होने से बनती है बेहतर

यह दृश्य आम था
हमारे आदिवासी इलाक़ों में—
मज़े से किसी पेड़ की छाँव में सोते हुए
या डूबकर बाँसुरी बजाते दिख जाते थे
गाय-बकरी चराते लोग
जहाँ तक जाती थी बाँसुरी की लहर
वहाँ तक बेख़ौफ़ चर आते थे जानवर
पसरी होती थी निश्चिन्तता पहाड़ों के पार तक
जीवन के पोर-पोर से झरता था सुकून

कहाँ चला गया अमित मरांडी
क्यों नहीं गूँजती शाम होते ही अब उसकी बाँसुरी
उसके खेत तो अब भी वैसे ही हैं
लहलहाते हैं, पेट भी भरते हैं पर उनका नहीं
जिनके घरों में बाँधकर नहीं रखे गए जानवर कभी
जिन्हें भरोसे के व्यापारियों ने
मजबूर किया जाने को ऐसी जगह
जहाँ से लौटकर वे नहीं आ पाए कभी
आजकल नहीं पता अमित कहाँ है
सिवाय उसकी माँ की सूनी आँखों के
उसका कोई ठिकाना नहीं मिलता मुझे

यहाँ से जाने के बाद, लोगों
का क्या हुआ—इस पर बेमन से कुछ बातें की गईं, पर
सुकून के चले जाने के बारे में कोई बात नहीं करता यहाँ
कहीं तो जाते ही होंगे सुकून भी

मैं सिर्फ़ इतना जानना चाहता हूँ—
जहाँ जाते हैं वहाँ भी टिक पाते हैं या नहीं?
क्या वहाँ भी किसी को पेड़ के नीचे
सोया हुआ देखकर निश्चिन्त
खिल जाती हैं, बहुत-सी आँखें कपट से?

दुखों का मौसम नहीं है पतझड़

हाड़ाम बा कहने लगे—
तुम हमेशा अधूरी बात सुनते हो
पतझड़ को तुमने भी अपनी कविता में
दुख लिख दिया है

पतझड़ दुखों का मौसम नहीं है
मुरझाए हुए मन का प्रतीक तो बिल्कुल नहीं
दिन-रात चलते रहने वाले
अनवरत संगीत के इस मौसम में
अपना जीवन जी चुके पत्ते
'नयों को भेजो दुनिया देखने
हम तुम्हारी नींव में समाते हैं'—गाते हुए
अपनी धरती से मिलने आते हैं

पतझड़ में पेड़
दुख नहीं मनाते
न ही दुख में डूबते-गलते
डालों से टूटकर गिरते हैं पत्ते
वे तो सोहराय[1] में नाचते-गाते
अपने लोगों से बाहा परब[2] में मिलने आते हैं

इसी से है
हमारे बार-बार वापस लौटने का रिवाज
भूत नहीं बनते हमारे लोग
इस दुनिया से जाकर
वे साथ होते हैं हर मौक़े पर
हँड़िया का पहला दोना भी पुरखे ही चखते हैं

पेड़ और पत्तों की रज़ामन्दी से आता है पतझड़
वरना लू की लहक भी हरे पत्तों को कहाँ झुलसा पाती है
बढ़ती धूप के साथ और हरे होते जाते हैं पत्ते

---

1. सन्ताल आदिवासियों का त्योहार जो मकर संक्रांति के आस-पास शुरू होता है और लगभग एक महीने तक अलग-अलग गाँव इसे अपनी सुविधा के अनुसार मनाते हैं।
2. बसन्त के मौसम में होली के आस-पास मनाया जाने वाला त्योहार।

जिताती रहीं हारकर

जिसके होने से
ज़िन्दगी
बचपन की तरह
फुदकने लगती है
वही अनजान शहर की
सूनी गलियाँ हो जाता है

जिसके आने से
फिर से लौट आता है जादूगर
वही बारहा कोशिश से
आई रुलाई की तरह
हो जाता है

एक आदमी जो

एक स्त्री से प्यार करता है
बेइंतिहा प्यार करता है
वह प्रेमी से
ख़ालिस आदमी बन जाता है
सारी समस्याएँ यहीं से शुरू हुईं

आदमी ने स्त्री से प्यार करने का
दावा किया
दलील की तरह साबित की
अपनी मोहब्बत
उसके मुतमइन होने तक
उसने सारी तरकीबें अपनाईं

स्त्रियाँ हारकर इश्क़ में
जिताती रहीं प्रेमियों को
अनगिनत तोड़े गए भरोसों के बावजूद
मौक़ा देती रहीं आदमियों को

इस तरह
सहभागिता का एक युग जो शुरू हो सकता था
वह ताक़त के युग में बदल गया।

हुदहुदी नदी

पहाड़ के छोर से देख रहा था
हुदहुदी नदी को
जो पहाड़ से गिरते हुए
सन्ताल परगना का
सबसे सुन्दर प्रपात बनाती है
सैलानियों के लिए

पहाड़ के इसी छोर से
थोड़ी ही दूर पर
बहती हुई गंगा नदी भी दिख रही थी
जिसमें मिल जाना था हुदहुदी नदी को

एक हूक-सी उठी कहीं
कि हँसती-खेलती नदी की हस्ती
महज़ इतनी ही है

स्वाद-यात्रा

कहाँ से ढूँढ़ा होगा पुरखों ने
लहसुन, जीरा, आजवाइन या गोलमरीच
सोचना दिलचस्प है
कि पहाड़ों से चलकर इलायची
कैसे मिली होगी प्याज़ के मैदानों से
अनगिनत स्वाद के सहयात्री
कैसे जुड़ते गए होंगे पुरखों की यात्राओं से
मन में पैदा होने वाले रसायन इन मुलाक़ातों के परिणाम हैं

उपज पहले से थीं
उपजाना उनसे सीखा होगा पुरखों ने
उपज पर दावा तो अभी-अभी की बात है
कंद-मूल तक के लिए करना पड़ा होगा भीषण संघर्ष
जंगल में लगी आग से पहली बार चखा होगा भुना माँस
स्वाद की तरलता से भर गया होगा मुँह और मन

एक अद्वितीय रसायन जो जीभ से मन के बीच घुलता रहा होगा
देर तक
उसी अनुभव ने पहुँचाया होगा पुरखों को नमक तक
उसी से देह का नमक वाला मुहावरा उपजा होगा

उस दिन का तो कहना ही क्या
जब पुरखों ने
जीरे की छौंक में भूँजा होगा रसोई को
साथ में मिर्च, प्याज, अदरक, लहसुन, टमाटर मिलाया होगा
किसी पेड़ का छाल उड़कर पहुँचा होगा और दालचीनी कहलाया
होगा
(इस समय यह सोचना बेवकूफ़ी है कि तेल कहाँ से आया होगा)
उस दिन पहली बार
पूरी दुनिया में
जब बनकर तैयार हुई होगी वह रसोई
स्वाद के मारे बौराये फिरे होंगे पुरखे सभी

क्या कोई धर्म या धर्म का उस्ताद दावा कर सकता है
स्वाद की इस पैदाइश पर
किसी भी जाति, भाषा, देश या महादेश के हुक्मरान
लाजवाब हो जाएँगे इस सवाल पर
स्वाद पर तुम्हारा नहीं हमारा हक़ है
हमारे पुरखों ने दिया है हमें यह हक़, ज़िन्दा बचे
रहने और आगे बढ़ते रहने की अपनी लड़ाइयों से
अपने तजुर्बे और हुनर से
नहीं बनी थी स्वाद के गंध में डूबी पहली रसोई तुम्हारे लिए
आख़िरी भी नहीं बनेगी

स्वाद पर प्रतिबन्ध लगाने वाले तुम्हारे मज़हब को
हम ख़ारिज करते हैं
अनाजों से हमें महरूम रखने वाले तुम्हारे फ़रमानों की
हम हुक्म-उदूली करते हैं
ख़ारिज करते हैं स्वाद को सँजोकर रखने वाली फ़सलों पर
तुम्हारे आधिपत्य को
स्वाद पर तुम्हारे एकाधिकार को
हम ख़ारिज करते हैं

स्वाद के नाम पर हमारे पुरखे
एक हुए थे
साथ बैठे थे
गीत गाए थे
फिर जोड़ते चले थे
स्वाद से स्वाद
छंद से छंद
क़दम से क़दम
स्वाद से पहले कहाँ से उमगते गीत
कहाँ से आती हरकत पाँवों में

खाना बनाते हुए जीरे के नहीं मिलने पर हम
जो झल्ला उठते हैं, वह पुरखों की मीठी झिड़की है
पास के घर से आती रसोई की महक से
मन का उमग उठना
पुरखों की रूह की हमारे अन्दर मौजूदगी है

कागद की लेखी

यही तो दिक़्क़त है तुम लोगों की—
कहा रिमिल टुडू ने
ज्ञान को तुमने किताबों में बन्द कर दिया
और किताबों को आलमारियों में
गीत जो मिलकर गाए जाने थे
उन्हें लिपिबद्ध कर सुरों की बहस में मुब्तिला हो गए
बताओ—
गीतों के आयोजन को तुम लोग 'सुरों का महासंग्राम' कहते हो

तमाम बहस-मुबाहिसों के बावजूद
नहीं पहुँची किताबें लोगों तक
खुरदुरे हाथों की छुअन के अभाव में
फिसलन से भर गए उनके पन्ने
हमेशा बतियाते रहने वाले शब्द

ख़ामोश रहने को हो गए मजबूर
इससे भी पीड़ादायक यह
उनमें दर्ज बातें मिठास की—ज्ञान पुरखों का
किताबी कहकर धकेले जाने लगे ज़िन्दगियों से दूर

शब्दों की यह असाधारण दुनिया
जहाँ कोई नहीं होता अछूत
कुछ ही लोगों तक क्यों रही महदूद
जबकि बदलती सदियों के साथ
किताबों ने शक्लें बदलीं और अपनी रूह भी
पर उनमें समाया ज्ञान महफ़ूज़ रहा कुछ ही लोगों तक
क्या तुम यही एक तरीक़ा जानते रहे ज्ञान के विकेंद्रण का

क़िस्से कौन-से तबीयत से याद होते हैं
या कविताएँ और गीत
या फिर जीवन के मामूली पर वे ज़रूरी सबक़
जो रक्त-प्रवाह की तरह होते हैं शामिल
किताबों वाले हैं या इनसे बाहर मौज से विचरने वाले
फिर क्यों कही कबीर ने
काग़ज़ और क़लम को नहीं छूने-पकड़ने वाली बात
तुम्हें सचमुच लगता है
सूत कातने का हुनर रखनेवाले हाथ
क़लम नहीं पकड़ सकते थे
कागद लेखी की असलियत समझनेवाला
बैठकर किसी एकान्त में
या बीच चौराहे नहीं रच सकता था छंद
जो पहचानता था बैर की ताक़त को
और ज्ञान की आँधी को

वह सचमुच अक्षरों को नहीं उकेर सकता था कोरे काग़ज़ पर

कबीर आज़ाद कर देना चाहते थे पोथियों से ज्ञान को
वह ज्ञान और प्यार की द्वंद्वात्मकता को भी निचोड़ देना चाहते थे
ताकि समझ सको बिना प्यार के ज्ञान नहीं पाया जा सकता
और ज्ञान प्यार का ही पर्यायवाची है
यह ज्ञान कि पत्थरों-मक़बरों में नहीं होते देवता
प्यार के बारे में कही गई सबसे ख़ूबसूरत बात है

पर तुम्हें किताबों के मोह ने इस तरह जकड़ा था
जिसमें आने वाली सदियाँ ख़ाक होनी थीं
कभी नहीं पढ़ी जाने वालीं अभी अनगिनत किताबें
लिखी जानी थीं

पत्ते कैसे बनाते हैं खाना, ये जानना ठीक है
पर इससे ज़्यादा ज़रूरी है पत्तों का सलामत रहना
ज़रूरी है पत्तों को इत्मीनान से पनपते देखना
और सूखते पत्तों के सन्देशे को हौले-हौले कानों में घुलने देना
तुमने जाना कि पेड़ों को भी होती है तकलीफ़
मुग्ध हुए अपने उस वैज्ञानिक और उसके अभिनव ज्ञान पर
पहले किताबों में इस जानने को बन्द किया
फिर पेड़ों का खाना बनाना भी
जबकि बहुत मुश्किल नहीं था
पेड़ों की छाँव में खड़े हो नेह से भीग जाना

किताबें ज़रिया होना चाहती थीं
तुमने उन्हें जब भी मक़ाम बनाया
बेतरह तकलीफ़ से ग़ुज़रीं वे

काश इतनी-सी इल्तिजा उनकी
इन बहुत से समयों में समझ पाते—
किताबें ख़िलाफ़ होती हैं तुम्हारे किताबी होने के
किताबों को ही अन्तिम सच मानने के
किताबें भरोसे की साथी हैं
उन्हें भी अगर भरोसा हो जाए
वे अन्तिम ठिकाना नहीं हैं
कि एक दिन वे नहीं रह जाएँगी ज़रूरी

बातें

[एक]

बातों का थम जाना
रुकना होता है साँसों का
बातों का ख़त्म होना
उस सिलसिले को काट देता है
जन्म से ही हम जिससे नाभिनालबद्ध होते हैं

बातें ख़त्म होने से
माँस और ख़ून का स्वाद चला जाता! है
अस्थि-मज्जा बेजान हो जाते हैं
शिकारी जानवरों तक की
दिलचस्पी ख़त्म हो जाती है हम में

बातें ख़त्म इसलिए नहीं होतीं
कि सिलसिले को जारी रखा जा सके

जिया जा सके बहने की तरह

बातों का होना किसी का होना होता है
किसी का जीना होता है हमारी वजह से

[दो]

बातें होती हैं
पर हम कह नहीं पाते
डरते हैं कि ज़ुबान से ढुलककर
कहीं खो न दें अपना नमक

असल में जब बोल नहीं पाते
तब बेचैनी से ढूँढ़ रहे होते हैं सही तरीक़ा
उसे कहने का
जैसे सद्यः जन्मा बच्चा बोल नहीं पाने के कारण
रोना शुरू कर देता है

हम भी जब बोल नहीं पाते
तब रो रहे होते हैं
पर डरते हैं
कहीं आँखों से ढुलककर
स्वाद खो न दें अपना

[तीन]

बातें भी रोती हैं
कलपती-छटपटाती हैं

कराहती हैं
सिर पटककर जान दे देना चाहती हैं
जब वे खो देती हैं अपना असर

बेअसर होने का डर
मौत से भी पीड़ादायक होता है उनके लिए

पर ऐसा करती नहीं
वे कुरेद-कुरेदकर
अपनी केंचुली उतारती हैं
हासिल करती हैं नया रूप
अपने ही ख़िलाफ़ करके संघर्ष

झुठला देती हैं
वे बिसूरते रहने को

[चार]

कहते हैं
एक बार बोली गई बात
अनंत काल तक रहती है ज़िन्दा

और इस तरह हम रहते हैं ज़िन्दा
अनंत काल तक
अपने स्याह-रोशन वजूद के साथ

बच्चे

[एक]

आधी रात को
आ रही गाड़ियों की तीख़ी आवाज़ से
जाग जाते हैं बच्चे

दूर देशों से आतीं ये आवाज़ें हमें सुनाई नहीं देतीं
हम सिमट चुके होते हैं
एक देश, एक जाति, एक परिवार
और आख़िरकार अपने आप में

इसलिए हम डूबते सूरज को देख
दुनिया के लिए उसे रात मान लेते हैं
जब तक कि न्यूयॉर्क-लंदन का समय बताने वाली घड़ी

हमारे घरों में सामने टँगी नहीं होती
दुनिया जागती रहती है का सामान्य ज्ञान
हम सुविधानुसार अर्जित करते हैं

बच्चे जाग जाते हैं
दूर देशों से आ रही
गाड़ियों की तीख़ी आवाज़ों से
रोने लगते हैं रोते हुए लोगों की बाढ़ देख
हँसते हैं उन्हीं रोतों का उत्साह देख
पहाड़ियों से आती हवाओं से झपकी आने लगती है उन्हें
समन्दर गर्म होने से पहले अपने दोलने पर जी-भर सुलाता है उन्हें

बच्चे बड़े होते जाते हैं
दुनिया से कटते जाते हैं
अपनों को ठीक से पहचानते
अपनों में गुम हो जाते हैं
सदियों से जो अपने हैं उनसे दूर हो जाते हैं

[दो]

बच्चे अक्सर पहन लेते हैं
उल्टी चप्पलें
पास ही कोई बुज़ुर्ग
चप्पलों को सीधा पहनने की
हिदायत देता मौजूद होता है उसी क्षण
साथ ही
बताया जाता है पूरे तज़ुर्बे से—

गिर सकते हो, चोट लग सकती है गहरी

बच्चे नहीं छोड़ते
चप्पलें उल्टी पहनना
उन्हें फ़िक्र नहीं होती गिरने की
चप्पल के दाएँ
या जूते के बाएँ हो जाने की
धीरे-धीरे बड़े होते हैं बच्चे
छोड़ देते हैं चप्पलें उल्टी पहनना
वे भी सीखते हैं बात-बेबात नसीहतें देना
डपटकर अपनी बात कहना

बड़े हो गए बच्चे
फिर कभी नहीं पहनते चप्पलें उल्टी
चप्पलों की अदला-बदली से
पाँव नहीं उलझते कभी
इस वजह से गिरते भी नहीं

वे गिरते हैं
सीधे पहने हुए जूतों के बावजूद
बच्चे गिर-गिरकर
चलना सीखते रहते हैं
बड़े क़रीने से
गिरना सीख जाते हैं

उगाए जाते रहे शहर

दरमियाँ एक तालाब था
जो नदी-सा बहता था
अब कंक्रीट के महल हैं दरमियाँ
जो पानी की क़ब्र पर उगे हैं

यूँ ही नहीं गँवाया
शहरों ने आँखों का पानी
चुराई हुई मिट्टी डालकर
सुखाया गया है
इन्तज़ार किया है शिद्दत से
शहर ने

तब से सिलसिले हैं
प्यास के

तरसता है शहर पानी के लिए
दर-ब-दर भटकते हैं शहरी
आँखों में पानी की ख़्वाहिश लिये

दूब की नोक पर

दूब की नोक पर
असंख्य बूँदों का राज़
सितारों-सा ठहर जाता है
घास जानती है सिर्फ़ यह राज़
साथ होने का वह अद्भुत सिलसिला
देखने वालों को बूँदें लगती हैं
जबकि सागर लहराता है उनमें

पानी का हवाओं से मिलने आना
और बेहद हौले से छोड़ जाना ख़ुद को
घास की नोक पर
भरोसे के इत्मीनान की इंतहा है
जो आँखों का सुकून बनकर
मिटने के बाद भी टिका रह जाता है

दिन की नमी होते हैं वे
रात आई थी टूटकर कहते हैं
रिश्तों का नमक ठहरा रहता है वहाँ
जब तक कि दिन की बेपरवाही उड़ा नहीं देती उन्हें
यक़ीन हैं वे
रात के घिरने का
चाँद के आते-जाते रहने का
भोर के तारे के चमकने का
और इन सबसे
हमारी ज़िन्दगी में नमी के सिलसिले का

हम ग़लतफ़हमी में जीते हैं
कि घास पर ठहरी बूँदों को तोड़ दिया है हमने
वे हर सुबह इसे ही तो झुठलाने आते हैं
हमारी रूखी होती ज़िन्दगी में
थोड़ी-सी नमी सींचने आते हैं

घड़ी

हम घड़ी देखते हैं
और मुतमइन हो जाते हैं—
अभी आधा घंटा है
ट्रेन के आने में
अभी पी जा सकती है एक चाय
या सुलगाई जा सकती है एक सिगरेट

इस बीच हँसते हुए फ़ोन पर
या ख़ूब चिन्ताओं से भरे चेहरे
हमारे सामने से गुज़रते रहते हैं
मगर घड़ी के काँटे
चेहरों में नहीं तब्दील हो पाते
हम चाय पीते हुए
चाय के बारे में नहीं सोचते

हम उन सम्भावित चीज़ों के बारे में सोचते हैं
जो गंतव्य पर पहुँच कर करनी होती हैं

कमाल है कि
हम जब घड़ी देखते हैं
तब समय नहीं देखते
हम अपनी नवैयत से भीग रहे होते हैं
'समय हो गया फिर भी नहीं आ रहे'-जैसी
शिकायतें, कमज़ोरों के ही हिस्से आती हैं
यह भी उतना ही सच है
कि समय को ठीक भी, समय-समय पर
इन्हीं कमज़ोरों ने किया है
घड़ी की कोई क़ीमत नहीं होती
अगर काम के घंटे बाँधने की लड़ाई नहीं लड़ी गई होती
बड़ों के बीच तो बेचारी हो जाती है घड़ी

कवि ने बताया हमें
किसी की घड़ी को दस घंटा लग जाता है
किसी की घड़ी महज़ पैंतालीस मिनट में
पहुँचा देती है गंतव्य पर
यह भी बताया अग्रज कवि ने
कि प्रधानमंत्री और हमारी घड़ी में
बजने वाला समय, नहीं हो सकता एक

हम घड़ी बाँधते हैं अपनी नब्ज़ पर
फिर भी रहते हैं बेख़बर
इसलिए आज भी

आगे बढ़कर जब पूछ लेता है कोई अजनबी—
'कितना बज रहा है'
तभी पता चल पाता है समय की सही क़ीमत का

हिन्दी साहित्य की भूमिका

[प्रणय कृष्ण के लिए]

नोट्स
लेने के लिए
जैसे ही
मैंने लिखा—
'नीची जाति'
द्विवेदी जी ने
मेरी क़लम पकड़ ली
और कहा,
लिखो—
'नीची समझी जाने वाली जाति'

इस दुनिया में ही

सारी उम्मीदों को तुमसे जोड़कर
खोना नहीं चाहता तुम्हें
बनाना-बिगाड़ना
जिन्हें आता है प्यार में
वे किसी दूसरी दुनिया के होते होंगे
शायद अभी तक उनकी दुनिया में
काम के घंटे बाँधने की लड़ाई नहीं लड़ी गई
वहाँ दास-प्रथा को दूसरे नामों से जाना जाता हो

हो सकता है वहाँ आज भी
बेहतर समाज का सपना देखने वाले
छुप-छुपकर मिलते हों
इसलिए तुम्हें न पा सकने की नाउम्मीदी
तुम्हें पा सकने की उम्मीद से बड़ी है

क्योंकि हमारी इस अपनी दुनिया में
बहुत नहीं
पर
लड़ाई बड़ी है

उसके लिए एक कविता

सबसे ख़ूबसूरत दिनों के लिए
सँभालकर रखी थीं उसने
अपनी आँखें
हमारे लिए

हम लौटेंगे

हमारा प्यार पानी-सा बहता है
एक दूसरे पर घाघ[1] सा गिरते हम
जंगलों-पहाड़ों से गुज़रते हैं
अनगिनत जड़ें हमें चूमती हैं
और ख़ूब दुलारकर आगे का रास्ता दिखा देती हैं
उनका प्यार साथ लेकर
उनमें थोड़ा प्यार छोड़कर
हम आगे बढ़ जाते हैं
उनके चुंबनों की नमी
हमें थोड़ा और भर देती हैं
और हमारा प्यार उनकी टहनियों पर खिलने लगता है

---

1. जहाँ पानी चट्टानों से नीचे गिरता है।

पहाड़ों में उछलता-कूदता
हमारा प्यार, बूँद बनकर
कभी किनारों की चट्टानों को
कभी ज़िद्दी लतरों को चूम आता है
थोड़ा उमगकर
हम केकड़ों के बिल में
नमी छोड़ते बहते हैं

कभी एक दूसरे में गुम
कभी बिल्कुल चुप...
कभी उचककर
बहुत ऊपर से झाँकते पेड़ों की
सरसराहटों को
हम गीत में पिरोते बहते हैं
पेड़ों ने नमी
पत्थरों ने ताल बख़्शी है हमें
गीतारू[1] लोगों के गाँव के पास से बहते
माँदर हमें हमारे छूटे पत्थरों
की याद दिलाते हैं
माँदर के बिना जैसे वे
पत्थरों के बिना हम

हम साथ-साथ गिरते हैं पहाड़ से
चट्टानों से चोट नहीं लगती हमें
पर विदा करते पहाड़
और रोक नहीं सकने की मजबूरी से भरी चट्टानों का

1. गीत गाने वाले।

हमारे साथ पछाड़ें खाकर बिलखना
बेतरह तड़पाता है हमें
कोई हुलस नहीं होती
पहाड़ों से गिरकर बिछड़ने में
प्रपात असल में
पहाड़ों में हमारे वापस न लौट पाने का
आर्तनाद हैं

आगे जहाँ से आबाद होती है
बहुत सारे पैरों और ज़रूरतों की नगरी
वह कठिन इम्तिहान लेने वाली है हमारी

हम ऐसे नहीं रह जाएँगे
फिर भी नदी कहलाएँगे
बचाएँगे अपने अन्दर के पानी को
और बार-बार लौटेंगे अपने पहाड़ों में
किसी जोड़ी का प्यार बनकर
हम लौटेंगे
हमें मौज से बहते देखने वाली, जोड़ियों की
आँखों का शृंगार बनकर

तुम्हारा स्टेशन

तुम्हारे शहर के
स्टेशन से गुज़रते हुए
तुम याद आईं
सामान्य कथन है यह
सामान्य ही होता सचमुच
इसमें अगर तुम नहीं होतीं

स्टेशन से दिख रही
ठीक तीसरी पहाड़ी के पीछे है
सखुआ के जंगल से घिरा तुम्हारा गाँव
वहाँ जाने वाली
लचकती वह सड़क भी दिखी
और वह झरिया पर की टूटी हुई पुलिया भी
जहाँ ख़राब हो गई थी तुम्हारे गाँव जाते हुए बस

सवारियों की उकताहटों से बेख़बर
बतियाते ही रहे थे हम बेपरवाह

हर बार की तरह उस रोज़
थामकर रख लेना चाहता था
दूर पहाड़ियों से आ रही
मोती झरने की आवाज़ को

घर लौट रहे लोगों के गीतों और
चिड़ियों की चहचहाहट में
डूबती शाम को

थामे रहना चाहता था
माँदर पर थिरकते उस रात
नाचते हुए मेरे हाथ को थामे
तुम्हारे हाथ को

तुम्हारे गाँव से बहुत दूर
गंगा के दियारे में भाग रही है ट्रेन
भाग रहा है मन माँदर की थाप संग
तांग धितिंग धितिंग तांग
तांग तांग तांग धितिंग
धितिंग तांग धितिंग तांग तांग।

सोने न दिया जाए तो बुरा मान जाती है रात

नींद नहीं आने पर
चुपके से उठकर
किसी भी पहर
हाड़ाम बा[1] के आँगन में पहुँच जाता था
एक इमली और तीन-चार करंज पेड़
और कुछ पुटुस की झाड़ियों की दूरी-भर था उनका घर

वहाँ आँगन में
ख़ाली पड़ी किसी चारपाई पर या चटाई बिछाकर
उनकी बगल में इत्मीनान से लेट जाता
और भर मन आसमान ताकने लगता था
जैसे नदी के बहुत आहिस्ता बहने को भी

---

1. बूढ़े बाबा (दादा)।

महसूस किया जा सकता था
गाडा टोला के उनके आँगन से
वैसे ही कितना भी चुपके से पहुँचूँ
हाड़ाम बा जान जाते थे मेरा आना
बहुत दुलारकर कहते
कितनी भी थकी हो
पर हमारे जागते ही जाग जाती है नदी
सोने न दिया जाए तो बुरा मान जाती है रात भी
सो नहीं पाने वाली जगहें बहुत बदनसीब होती हैं
गलियों में कहाँ नींद आती है रात को
उसे पैर सिकोड़कर सोने की आदत नहीं
इसलिए शाम होते ही दौड़ लगाती है
खेतों-मैदानों की तरफ़
जो नहीं पहुँच पाती, वहीं गलियों-कोनों में
पड़ जाती है पैर मोड़कर

बुडी गो[1] ने हाड़ाम बा से चुहल करते हुए कहा—
अब आप भी सो जाइए
आराम फरमाने दीजिए रात को
रात को दुलारते हुए, कहा हाड़ाम बा ने
बहुत बड़ी जगह है यहाँ उसके सोने के लिए
हम बतिया सकते हैं अभी कुछ देर तक

---

1. बूढ़ी माँ (दादी)।

तुम्हें सोचता हूँ

[एक]

तुम्हें सोचता हूँ
तो
नाज़िम हिकमत 'पत्नी की चिट्ठी' लिये
मँडराने लगते हैं आस-पास
बालम के गेह आने का गीत
गाने लगते हैं कबीर
अलिखित अफ़सानों के किरदार
छेड़ने लगते हैं मुझे

चाहता हूँ स्थगित कर दूँ
सोचना तुम्हारे बारे में
ताकि मेरे साथ

तुम्हें भी तो चैन मिले
इतने सारे लोगों से

[दो]

तुम्हें याद करता हूँ तो
अमरूद की मिठास से भर जाता है मुँह
चिड़ियों की चहचहाहट से
गूँजने लगता है मन

तुम्हें याद करता हूँ जैसे
पीली साड़ी पहने बच्चियों का कोई झुंड
साइकिल चलाते गुज़र जाता है पास से

तुम्हें याद करता हूँ
जैसे नहीं याद करने को
ख़ुद को याद दिलाता ही रहता हूँ

[तीन]

नदियों के पानी का न रुकना ही
पगाता है हजारों गाँवों-शहरों को उनके प्यार में
नदियों को जैसे रोका नहीं जा सकता बहने से
बसन्त को भी कहाँ रोका जा सकता है आने से

प्यार आता है
जैसे बसन्त की थाप पर माँदर की गूँज
जैसे महुए की गंध के साथ पलाश का फूल
जैसे ख़ूब साफ़ आसमान का कोई तारा
हमारा हो जाता है

प्यार जब भी आता है
मौसम कोई भी हो
बसन्त लाता है
प्यार जाता नहीं
अर्थ बदलकर फिर आ जाता है

सरई फूल[1]

दरख़्तों को उनके नाम से
न पुकार पाना
अब तक की हमारी
सबसे बड़ी त्रासदी है

कहा उससे—
मुझे सरई का पेड़ देखना है
बुलाना चाहता हूँ उसे, उसके नाम से
सुनो! अपरिचय के बोझ से
रिसता जा रहा हूँ थोड़ा-थोड़ा

साथ चलने का इशारा कर
सारे दरख़्तों से बतियाती

1. साल (सखुआ) का फूल जो बसन्त में खिलता है।

उनके बीच से लहराती चली
उस गिलहरी की तरह
एक पेड़ के सामने रुक
तोड़कर फूल उसकी डाली से
अपने जूड़े में खोंसते हुए
पलटकर कहा मुस्काते हुए
'अब चाहोगे भी
तो भुला नहीं पाओगे'

पगडंडी हो जाती हो तुम

आज
फिर से तुम पर
नहीं लिख पाया कुछ
लिखना शुरू करूँ
तो जंगल में भागती
पगडंडी हो जाती हो तुम

पूछा गौरैया ने

एक दिन पूछा गौरैया ने
अनुभवी बरगद से
प्यास ज़्यादा पुरानी है
या ज़्यादा पुराना है पानी

जंगल में फैलती
घास की गंध की तरह
फैली इस सवाल की बेचैनी
बहुत नीचे, जहाँ छुपकर मिलती थीं
पानी से बरगद की जड़ें
वहाँ भी मच गई खलबली
गौरैया का मासूम-सा यह सवाल
फैला इतिहास के हर मोड़ तक
पर भीगा नहीं कथाओं का कोई पन्ना

जिस कथा में मारा जाता है मासूम श्रवण कुमार
वहाँ भी अनकही रह जाती है प्यास और पानी की कहानी

शाम को लौटने की बात कहकर
निकल गई वह नदियों-पेड़ों से मिलने
इधर बरगद ने स्मृतियों में डूबते हुए सोचा—
क्या समय था वह
जब पानी और प्यास साथ-साथ चलते थे
जब जहाँ प्यास लगती
पानी वहाँ पहले से मौजूद होता पिये जाने को लालायित
इतना कि कभी-कभी नाक के रास्ते जा पहुँचता गले तक

फिर आबाद हुई दो पैरों वालों की
सभ्यताएँ पानी के किनारे
सभ्यता के नाम पर
इन्होंने सिर्फ़ हड़बड़ी सीखी और सब गड्डमड्ड कर दिया
बेदर्दों ने प्यास को ज़रिया बनाया
और खड़े रहे हथियारों से लैस पानी के किनारे
अपने ही जैसे कुछ लोगों की प्यास को रखा पानी से दूर
और वहीं से उनमें कौंधा यह विचार
कि क्यों न शुरू किया जाए पानी का व्यापार

शाम ढले लौटकर जब आई गौरैया
बरगद कहीं नहीं दिखा
इधर-उधर बिखरी हुई उसकी कुछ जड़ें थीं
जिनमें उसके बिखरे आशियाने का मंज़र था
कहते हैं
उसके बाद से ही दिखनी कम हो गई गौरैया भी

बेतरतीब बसन्त

पतझड़ में पेड़
अपने पत्ते गिराते हैं
तुम्हारे क़दमों की आहट सुनने को
इन्तज़ार में खड़े बसन्त से
अन्तत: कह सकें आने के लिए

पतझड़ की ज़ुबान
समझता है बसन्त भी
जाते-जाते गर्मी से
बरसात लाना भूलना मत
कह जाता है

कैलेंडर में नहीं होता बसन्त
जैसे नहीं होते पेड़ देवताओं की नगरी में

जैसे प्रेम के गहनतम क्षणों में
नहीं होती जगह छोटेपन की
हमारे ही भीतर
होता है बसन्त
पतझड़ के साथ-साथ

पत्तों की खड़खड़ाहट से
जब टकराती हैं
हवाओं में घुलीं विभिन्न रंगी गंध
माँदर की तरह धड़कने लगती है साँस
पलाश-सा खिलकर
महुआ-सा टपकने लगता है मन

तरतीबी की मारी इस दुनिया में
बेतरतीबी की महक भरने आता है बसन्त

आख़िरी बार

[एक]

घर
थमा हुआ-सा लगता है
वापस लौटने पर
बिखरी हुई चीज़ों के साथ
बटोरना पड़ता है
ख़ुद को
तुम्हारी दी हुई एक घड़ी ही है
जो कभी नहीं रुकती
टिक-टिक करती
हमेशा आगे बढ़ती दिखती है
तुम आगे बढ़ गई हो
तुम तुम्हारी दी हुई घड़ी हो गई हो

[दो]

पिता प्रवासी थे
धनबाद में
गाँव वापस लौट आए
मेरे पैदा होने के बाद
फिर
नदियाँ धमनियाँ बन गईं
जंगल साँसों की हरियाली
और पहाड़ चिर सखा
फिर क्या जाता धनबाद
आज इसी शहर के
स्टेशन से
विदा ली तुमने आख़िरी बार
अब क्या ही जाऊँगा
धनबाद

[तीन]

नहीं मिलना था
पर मिल ही गए
फिर से राँची में
नहीं देखना था
पर देखा
साथ-साथ प्रपात
नहीं जाना था

पर गए
पत्थलगड़ी वाले
ख़ूबसूरत गाँवों में
साँसें इतनी हरी थीं
साल की छाँव में
कि समझ ही नहीं पाया
रास्ते भटक रहे थे
जंगल-जंगल
या हम
राँची से
ट्रेन दुमका जा रही थी
शायद
इस बार मैं जा रहा था
आख़िरी बार

[चार]

साथ-साथ
देखा था बहते
तुम्हारे
कोइल-कारो को
फिर भी
तुम्हें बेहद पसन्द थी
मेरे गाँव की बाँसलोई
किनारे बैठा
पसन्दीदा चट्टान पे

बाँसलोई को देख रहा हूँ
मौज से बहते
कैसा नासमझ था
तुम्हें तो होना ही था
नदी
और मैं
बाँधने चला था

बहुत बारिश हुई थी लापुंग में

[एक]

साथ-साथ भीगकर
तुम्हारी पलकों को
अन्तिम बार चूमते हुए
फिर न छू पाने का असह्य दुख
आँखों के कोनों में आकर ठहर गया था
ढुलक आता इससे पहले
'आता हूँ'—झटके से कहकर सीढ़ियाँ उतर रहा था

तुम कहे जा रही थीं—
'ठीक से चेक कर लो'
'कुछ छूटा तो नहीं'
'इयरफ़ोन, चार्जर, पर्स, पैसे...सब रख लिया है न'

बेख़याली के तूफ़ान में डूबा
कह नहीं पाया
कि जो छूटा जा रहा था
उसे सहेजना सम्भव नहीं था अब

नीचे तक छोड़ने आती हुईं तुम
बार-बार कह रही थीं—
'ठीक से जाना'
'ख़याल रखना अपना'

जाना भी कहीं ठीक से हो पाता है
और जाते हुए ख़याल कैसे रखा जाता है

पर
जाया नहीं जाता जिस तरह
ठीक उस तरह से जा रहा था मैं*

जाते हुए रुँधे गले से
ज़माने-भर की ताक़त लगाते हुए कहा—
हाँ! रख लिया है।
अब तुम जाओ, मैं चला जाऊँगा

एक अन्तिम बार
लिपट जाना चाहता था तुमसे
कि बारिश होने लगी अचानक
ज़िन्दगी का वह एक फ़ैसला
और सदियों का रूठ जाना मुझसे
तेज़ बारिश की घिरती उस अँधेरी शाम में

तुम्हारी तरफ़ न मुड़कर
कूदकर ऑटो में बैठ गया था मैं

बहुत बरसी थी शाम लापुंग में
बारिश होती रही थी राँची पहुँचने तक
बाद में फ़ोन पर बताया तुमने
बहुत बारिश हुई आज लापुंग में।

[दो]

बराबर आता है इधर
लापुंग अख़बारों में
ख़बरें होती हैं
जंगली हाथियों के 'आतंक' की
'नक्सली' मुठभेड़ों की
निर्दोष रोशन होरो के मारे जाने की

आश्चर्य है कि
तुम्हारा मगन हो कारो को बहते देखना
उसके किनारों पर बैठकर
बहुत अन्दर के गाँवों से आए लोगों से
बतियाना बेपरवाह
हुटार जंगल में बेख़ौफ़ लहराना
लापुंग में तुम्हारा होना
और वहाँ से चले जाना
किसी अख़बार की
किसी ख़बर में कभी नहीं आया।

[तीन]

फिर कभी नहीं गया लापुंग मैं
लापुंग कभी नहीं जा पाया मुझमें से।

[चार]

अब नहीं रहतीं तुम लापुंग में
भूल गया होगा लापुंग भी मुझे।

“जाया नहीं जाता जिस तरह
ठीक उस तरह
तुम जा रही हो”[1]

---

1. दिनेश कुमार शुक्ल की कविता ‘तुम्हारा जाना’ की पंक्तियाँ।

इज़्ज़त का मिट्टी में मिल जाना ख़ूबसूरत है

सबसे कम समय है
हमारी ज़िन्दगी में उस धरती के लिए
जो आग में जली, जिसने
मारक ठंड और झेली थका देनी वाली बरसातें
हमारे लिए
पैदा किया पेड़-पौधों और जीवों को
हमें मौक़ा दिया जीने का
प्यार कर पाने का
किसी को डूबकर सोच पाने का

पृथ्वी मिट्टी का ऐसा कोई खिलौना नहीं
जिसे कारीगर बनाता है
अपने असीमित धैर्य और कल्पनाओं से पगी

उँगलियों से
और इन सबसे बेख़बर तोड़ दे उसे कोई पल-भर में
या दे दिया जाए मनचाहा आकार

कितना ख़ूबसूरत है इज़्ज़त का मिट्टी में मिल जाना
जब भी मिट्टी में मिली इज़्ज़त
ज़िन्दगी और बेहतर खिली
इज़्ज़त बनाए रखने के नाम पर
हिंसाएँ कीं हमने लगातार
मुहावरे बनाए उसी के ख़िलाफ़
जिसे करना था सबसे ज़्यादा प्यार

शुक्रिया अदा करता हूँ तुम्हारा
सिर झुकाता हूँ और
चूमता हूँ तुम्हें मेरी धरती
वैसे नहीं जैसे सैनिक चूमते हैं तुम्हें
सीमाओं में बाँटकर
बल्कि वैसे
जैसे इज़्ज़त को तुम में मिलाते हुए
चूमा था उसने मुझे

हेन्दा मय[1]

[एक]

हेन्दा मय—
कहा जा सकता है
बिना किसी
जान-पहचान के
बतियाया जा सकता है
तबीयत-भर
पहली ही मुलाक़ात में

रोपा जा सकता है
बसन्त के बीज को

1. हेन्दा मय—सुनो लड़की (सम्बोधन)।

खिल सकता है पलाश
पतझड़-भर के इन्तज़ार में

[दो]

मना करने पर
किया जा सकता है इसरार

पर
उतना ही
जितने में
बहते पानी को
गुज़रने से पहले
भरा जाता है मटके में

[तीन]

फिर भी
नहीं राज़ी होने पर
बतियाने के लिए

मौसम के अवांछित अन्देशे से
जैसे स्थगित करना पड़ता है
तय किये हुए काम को
वैसे ही मुड़ जाना होता है
अपनी राह को

[चार]

गीत गाते-गाते
कुल्ही[1] में नाचते-नाचते
आँखों का आँखों से
झूमकर मिलना
प्यार होना ही
नहीं होता लड़के

जब भी सोगोय[2] करना
इसी तरह झूमकर करना
सिखा जाती है लड़की

[पाँच]

सालों पहले
कुल्ही में किया गया सोगोय
याद रखती है लड़की

फिर कभी अगर
मिल जाओ
पाँच या सात साल बाद भी
आँखों में उसी प्यार से झाँकती
उसकी याद दिला देती है लड़की

---

1. गाँव के बीच से गुज़रा रास्ता। सन्ताल-गाँव ऐसे ही बसाए जाते हैं, बीच से कुल्ही गुज़रती है और उसके दोंनों तरफ़ घर होते हैं।
2. गाँव के स्त्री-पुरुषों द्वारा मिल-जुलकर किया जाने वाला नृत्य।

हो रहा है भरोसा
साथ-साथ सोगोय करते हुए
जता देती है लड़की

[छह]

सिर्फ़ उसकी वजह से
सोगोय करने
कुल्ही में आए हो
यह जान जाती है लड़की

रात के ख़ुमार सा
उतर जाएगा प्यार भी
समझती है लड़की
गीत और माँदर की ताल से ज़्यादा जो उसे चाहे
झूमती टोली की लय से जो न बँधे
उसके साथ नहीं बँधना चाहती है लड़की

डूबकर सोगोय करने वाले का
साथ चाहती है लड़की
महज़ उसे रिझाने-भर तक का
प्यार वह नहीं चाहती
नाच की लय से जैसे
भूले से भी नहीं भटकती माँदर की ताल
ऐसा कोई साथ चाहती है लड़की

[सात]

दिल्ली हैदराबाद
चले गए जुरी[1] को
नाचते हुए
तलाश करती है लड़की
नाचते हुए
पतझड़ की हवाओं को
उसके पास जाओ, कहती है लड़की

वह नहीं जानती
उसका जुरी जहाँ रहता है
वहाँ पतझड़-बसन्त जैसी
कोई चीज़ नहीं होती

[आठ]

आधी रात को
सबके साथ नाचकर
खिलखिलाकर बतियाती
बसन्त की अगवानी करती
कुल्ही के सबसे आख़िरी घर में
बेपरवाह लौटती थी लड़की

कुछ मौसमों से
नई बसावटों से घिरते जा रहे

1. जोड़ी।

अपने उसी गाँव में
थोड़ी सजग निगाहों से
चुपचाप अपने घर लौटती है लड़की

जब दिशाएँ बदलीं

दोपहर के दो बजे हैं
गर्मी अपने उफान पर है
उस दिन भी ठीक ऐसी ही गर्मी थी
जब दिशाएँ बदल रही थीं उनकी
तारीख़ दोनों भूल गए हैं
पर धनबाद स्टेशन की
वह गर्मी नहीं भूली
उस पल दोनों को
बिछड़ने के ग़म से ज़्यादा
गर्मी सता रही थी

आस-पास मौजूद भीड़ से बेख़बर
वे टूटकर रोना चाहते थे उस समय
दर्द की उस इंतहा को जी लेना चाहते थे

जो सिर्फ़ तब और तब जी जा सकती थी
इन सबसे ज़्यादा, साथ गुज़ारे लम्हों को याद कर
एक दूसरे को कोस लेना चाहते थे जी-भर—
जो इसके बाद फिर कभी मुमकिन नहीं हो सकता था
प्यार सचमुच में रहा हो
तो वक़्त के साथ जीने की लगन बन जाता है

कितना कुछ खो दिया था दोनों ने
उन लोगों की वजह से
जिन्हें ज़बरदस्ती बेदख़ल कर दिया गया
उनके जंगलों से
महरूम कर दिया गया उनकी पीढ़ियों को
दरख़्तों की छाँव से,
फिर नहीं बीतने वाली, नदी किनारे की शाम से

वे पहले नहीं थे जो बिछड़ रहे थे
पर उनके पुरखों के पास कहानियाँ थीं बिछड़ने की
उनमें नमी थी अनगिनत दरख़्तों की
स्मृतियाँ थीं भरी नदी-सी साथ बिताए लम्हों की
फिर अलग हो जाने की

कविता के बाहर यह बात ज़्यादा ख़ौफ़नाक है—
पेड़ों के उजड़ने से बदनसीब हो जाते हैं प्यार करने वाले

कहा बाँसलोई ने

मैं उन्हें बाँसलोई के बारे में बता रहा था
कैसे उसने हमें सींचा
कितना प्यारा है उसका होना, उसका
हमारी ज़िन्दगी में बहना
उनमें से एक, मुझे बार-बार टोके जा रहे थे—
'बरसाती नदी है न'
'साल-भर तो पानी नहीं रहता होगा'
'छोटी नदी होगी, पहाड़ी नदियाँ जैसी होती हैं'

कहना चाहता था—
इतना बड़ा मुँह
हम कहाँ से लाते हैं
जो किसी नदी को छोटा कहे
कितनी भी छोटी हो

हमसे तो बड़ी ही होती है नदी

बाँसलोई ने कहा—
मुँहज़ोर होना ठीक नहीं
दिल किसी का भी हो, नमी न दे सको
तो उसे चोट पहुँचाना ठीक नहीं

बाँसलोई

[एक]

बाँस के झुंड से निकली
महज़ इसलिए नहीं कहलाती
बाँसलोई

बल्कि बहना भी है इसका
बाँस की लचक जैसा प्यारा
जो फैलता है ज़िन्दगी में
तिरियो[1] की लहरी-सा

1. बाँसुरी।

[दो]

अच्छा आप उसी गाँव के हैं न
जहाँ मन्दिर के किनारे नदी है
देवघर के उस भले मानुष से कहा
मैंने—
जी नहीं!
उस गाँव का हूँ
जहाँ नदी के किनारे है मन्दिर

[तीन]

राजमहल की पहाड़ियों
से निकलने वाली
बाँसलोई
गंगा में समाहित होते हुए भी
नहीं धो पाती पाप
अपने किनारे बसे लोगों के

[चार]

राजमहल की पहाड़ियों
की गोद से निकलती है
बाँसलोई
सन्ताल परगना के
गाँवों को सींचती

माँदर को देती रही लय
तिरियो में भरती रही हवा

लोगों के साथ नाचती-गाती
इस तरह बहती रही बाँसलोई
जब तक कि
उसकी भाषा नहीं समझने वालों के पहले झुंड ने
माँ मानी जाने वाली एक नदी के इलाक़े से आकर
डेरा नहीं डाल दिया उसके किनारों पर

[पाँच]

महेशपुर राजा पर आक्रमण करने से पहले
जुलाई की बरसात में जब
सिदो-कान्हू का दस्ता
हरहराती बाँसलोई के किनारे आकर
ठहर गया विस्मित-सा

तब कहा बाँसलोई ने
फूलो-झानो[1] से—
जिसकी कोमल टहनियों को बाँटकर
मेरे दोनों किनारों पर
हूल[2] की आग है जलाई
नाव बनाओ उसी सखुआ के तने की

---

1. सिदो-कान्हू की बहनें जिन्होंने सखुआ पेड़ की टहनियों के माध्यम से हूल की अलख सारे इलाके में जगाई थी। अंग्रेज़ों के ख़िलाफ़ लड़ते हुए शहीद हुईं।
2. क्रान्ति, 1855 का सन्ताल विद्रोह।

बहुत दिनों से चुभ रहे हैं
ठहाके राजा के

[छह]

बाँसलोई किनारे के
अमझरी गाँव के
हाड़ाम बा की आँखें
भीग जाती हैं, बाँसलोई
के बारे में बताते हुए

उन लोगों को याद करने लगते हैं
जो कभी अपने गाँव तक से बाहर नहीं गए
पर मरे असम-बंगाल में जा कर
हाड़ाम बा बताते हैं—
तभी से सूखने लगी नदी थोड़ी-थोड़ी
और जंगल खोने लगा हरियाली
अब जो देखते हो
वह बस इनके होने की निशानी है

बाँसलोई जितनी तड़पी है
क्या तड़पी होगी कोई नदी
और सुनो—
नदी जब याद करने लगती है अपना अतीत
शुरू हो जाती है यात्रा
सभ्यता के अन्त की

[सात]

बहुत बदनसीब होती हैं जगहें
जहाँ नहीं होती कोई नदी
फिर भी सींचती हैं वे उम्मीदों को
कि कहीं तो बह रही है नदी

उससे भी बदनसीब होती हैं
वे जगहें
जहाँ मार दी जाती है नदी
हत्या कर दी जाती है
अन्दर ही अन्दर चलने वाले संवाद की

[आठ]

इतना ही कहती है
अन्तत: बाँसलोई—
कहना तुम्हारे लोगों से
जब नहीं होऊँगी
तब ज़्यादा याद आऊँगी

जिन भीगी चट्टानों से
छलाँग लगाते हो आज मुझमें
उन सूख चुके पत्थरों पर लिखना नाम
अपने पूर्वजों के
जो आकर बसे थे मैदानों से

सबके नाम लिखना याद कर

देखना कोई छूटे न
निश्चिन्त होकर लिखना
तब नहीं होऊँगी मैं
गुनाह तुम्हारे मिटाने को

और लिखना सबसे नीचे
सबसे सुन्दर हर्फ़ों में—
हत्यारे बाँसलोई के

बाँसलोई पर पुल

फोर लेन वाला बन गया है पुल
जिस पर से झन्नाटेदार तरीक़े से
गुज़रती हैं गाड़ियाँ
पहले एकमात्र पुल था
इस गाँव में
अंग्रेजों का बनाया हुआ
1924 में बना वह पुल
अब भी दुरुस्त है
गाँव के लोग अब भी उस पर से गुज़रते हैं
कभी-कभार

इस पुल से एक ही गाड़ी गुज़र सकती थी एक समय में
एक सिरे पर खड़े हो
इन्तज़ार करना पड़ता था

दूसरी तरफ़ से आ रही गाड़ी के गुज़रने का
नहीं चाहते हुए भी
नदी की उपस्थिति को दर्ज करना पड़ता था

यह पुल अब भी मौजूद है
पर अब पहले जैसी व्यस्तता नहीं है
व्यस्तता पहले भी नहीं थी
सन्ताल परगना के इस इलाक़े में
गाड़ियाँ भी कहाँ इतनी तादाद में थीं
नदी में बालू था घुटने-भर
साथ में पानी सालों-भर
अब कुछ गड्ढे हैं याद-भर
जो बाँसलोई की अर्थी ढोने वालों की
गाड़ियों से बने हैं

दुमका, पाकुड़ और साहिबगंज ज़िले को जोड़ने वाला
यह एकमात्र पुल था बाँसलोई पर
अब इस नदी पर सात से भी ज़्यादा पुल हैं
नए-नए राज्यों के नम्बरप्लेट वाली दौड़ती गाड़ियाँ हैं
नई-नई भाषा में बोलते लोग हैं
जिनके लिए यहाँ की ज़मीन के साथ
लोग भी महज़ एक प्रोजेक्ट हैं

बहरहाल
अब झन्नाटेदार पुल हैं
झन्नाटेदार गाड़ियाँ
और झन्नाटेदार लोग हैं
वह नदी नहीं मालूम कहाँ चली गई

जिस पर ये पुल हैं

'पुल पार करने से
पुल पार होता है
नदी पार नहीं होती'—
प्यार था कवि की इन पँक्तियों से
दुख के साथ कहना पड़ रहा है—
यहाँ ये पंक्तियाँ व्यर्थ हैं कवि,
चाहते हुए भी धँसा नहीं जा सकता
धँस गई इस नदी में
नदी का अस्तित्व ही नहीं
उस पर से गुज़रकर
हड़पी जा सकती है उसकी पहचान भी
जीती-जागती नदी को बनाया जा सकता है स्मृति
इस तरह भी पार की जाती है नदी
पुल पार करने से पार हो जाती है नदी

गंगा किनारे बसे शहर में

गंगा किनारे बसे
इस शहर में आने से पहले
गंगा को इतने क़रीब से नहीं देखा था
पापनाशिनी गंगा का दुख नहीं समझ पाया था
कहाँ समझ पाया था भूपेन हजारिका के गीत को भी
यहाँ आने से पहले गंगा
हमारे यहाँ की नदियों को समा लेने वाली एक बड़ी नदी थी
एक ऐसी नदी, जिसके किनारे से आए लोगों ने
हमारे जंगलों-पहाड़ों में तबाही मचा दी

दिल्ली पढ़ने जाते हुए
बनारस से गुज़रते, ट्रेन से दिखती थी गंगा
अर्धचन्द्राकार गंगा सुन्दर दिखती थी
दिल्ली घुसते हुए देखता था यमुना को भी हर बार

दिल्ली जितनी नापसन्द थी
उतनी ही खीझ होती ख़ुद पर यमुना को देखकर
सोचता, कैसा बुरा वक़्त आ गया है
कि मेरे जैसा अदना-सा आदमी भी
यमुना जैसी नदी पर तरस खा रहा है

इस शहर में रहते
घूम आया गंगा के किनारों पर दूर तक
गंगा के किनारों पर चलते हुए महसूस किया
कि गंगा अपना दुख किसी से नहीं कहती
कौन सुनता उसकी अनकही कहानियाँ
जो पोथियों से बिल्कुल अलग थीं

यहाँ आने के बाद ही गंगा को देखने
पहाड़ों की तरफ़ गया
पहली बार गंगा को वहाँ देख रहा था
जहाँ वह माँ नहीं थी
पहाड़ों पर उछलती-कूदती गंगा का बचपन
उसकी प्रौढ़ अवस्था से बिल्कुल अलग था
कितना दर्दनाक होता होगा गंगा के लिए
अचानक बेटी से माँ हो जाना, लगा
गंगा अपने बचपन को पाने के लिए तरस जाती होगी
सच उसे पता है, जैसे पता होता है ब्याही गई हर स्त्री को
वह जानती है अपना बचपन वापस नहीं पा सकती अब
नहीं दुहरा सकती बेपरवाह दिनों की कहानियाँ अब
इसलिए दूसरों का पाप धोती गंगा
ख़ुद को क़ुर्बान करती रहती है
प्रजा हाहाकार करती रहती है दोनों पार

और वह चुपचाप दिखती हुई-सी बहती रहती है

मन को निर्मल करना चाहते थे कबीर गंगा के पानी-सा, जानते थे
वह गंगा ही है जिसके पीछे नाम पुकारते भागते थे ईश्वर भी
पर लोगों ने उसके ही किनारों को बाँट दिया जातियों में
बाहुबलियों ने बाँटा उसे अपने-अपने इलाक़ों में
सींचती रही वह खेतों को, हरियाली बख़्शी सबको एक-सी
एक-सी पवित्र रही समस्त प्राणियों के लिए
पर पलायन करती गई सबसे बड़ी आबादी उसके ही किनारों से
सबसे ज़्यादा हत्याएँ देखीं, भगदड़ देखी, उतराती लाशें देखीं
गीतों को धीरे-धीरे शहरों की गलियों में गुम होते देखा

कैसे रोकती गंगा उनको जो उपजे-लहलहाए थे उसके ही किनारों पर
हरियाली, पानी और गीतों से ज़्यादा क्या दे सकती थी उनको
कैसी विडम्बना है कि पानी का होना आज
गंगा के होने का गवाह नहीं है
पानी के नहीं होने पर भी वह गंगा कहलाती है
ख़ुद को नदी से मिथक में बदलते देखती गंगा
सहस्त्राब्दियों को ख़ुद में समेटे आर्तनाद करती है

हम गंगा के पानी को अँजुरी में भरते हैं
मनोकामनाएँ पूरी करने की करते हैं फ़रियाद
क्या हम अँजुरी में भरे हुए
पानी की भी कभी सुनते हैं?

दारे उमुल[1]

[एक]

बचपन में ही मेरी ज़िन्दगी में
एक पेड़ आ गया था
वह वहीं था मेरे जन्म के पहले से
उससे पहले उसकी माँ
और उसके पहले उसकी नानी भी
वहीं आस-पास रह चुकी थीं

चहकता-महकता मेरा बचपन
उससे कहानियाँ सुनते बीता
उसने बताया था, कैसे

1. पेड़ की छाँव।

कोई चिड़िया उसकी नानी को
बीज-रूप में पहाड़ के उस तरफ़ से लाई थी
वह मौज से नानी के घर के क़िस्से सुनाता
पहाड़ के उस तरफ़ के जंगल की बात करता
मनमौजी एक बहुत प्यारी नदी की कहानियाँ सुनाता
उसकी बातें सुनता हुआ मैं सोचता रहता—
हरियाली से नदी थी या नदी से थी हरियाली

फिर एक दिन दर्द में डूबते हुए उसने बताया—
उस तरफ़ अब मेरा कोई रिश्तेदार नहीं बचा
एक अजीब-सी तकलीफ़ तारी हो रही थी, जब उसने कहा—
एक भी पेड़ कटे तो खाना नहीं खाया जाता
धूप ज़िद करती रहती है दिन-भर, पर मन नहीं होता
प्यारी चिड़ियों से कहता हूँ ज़िद मत करो
दूसरे पेड़ों की नींद में ख़लल पड़ेगी
सो नहीं पाएगी, हमारी प्यारी नदी भी

वह अपने उन रिश्तेदारों को याद करता, देर तक चुप रहा
उसने कहा वह अकेला रहना चाहता है
भारी मन से वापस चला आया, उससे विदा लेकर
पर उसका वह रूप आँखों के आगे टँगा रह गया—
पेड़ों का हरकत किए बिना चुपचाप खड़े रहना
हमारी दुनिया का ख़ौफ़नाक बिम्ब है

उससे मिलने, अगले दिन गया
फिर उसके अगले दिन भी—
पर वह मुझे आगोश में लिये वैसे ही चुप रहा
मैंने कहा—मेरी छुट्टियाँ ख़त्म हो रही हैं

हॉस्टल चला जाऊँगा
क्या इसी बेरुख़ी से विदा कर दोगे
कहा उस दिन भी कुछ ख़ास नहीं
उसने आगोश में थोड़ी हरकत की
एक पत्ता मेरी गोद में गिराया और कहा—
इसे अपने साथ रखना, चाहे जहाँ—जितनी दूर चले जाना

उसके बाद आश्चर्य से दीवारों पर पेड़ों को बचाने के नारे पढ़ता
मैं एक शहर से दूसरे शहर भटकता रहा
ये अजीब जगहें थीं, जहाँ रात और दिन का कोई फ़र्क़ नहीं था
यहाँ दूर-दूर दिखते थे पेड़ और शहर अपनी भूख के लिए
आराम से बैठकर पहले योजनाएँ बनाता था
फिर एक-एक कर पेड़, जंगल, नदी, पहाड़ को
अपने 'दीवारी गीतों' के साथ खाता था
एक पत्ता कितनी मदद करता मेरी
पर मेरे अन्दर की हरियाली को उसी ने बचाए रखा

इधर ज़िन्दगी की भागमभाग लम्बी खिंच रही थी
और उधर शहर मेरे पहाड़ों की तरफ़
अपनी जीभ का विस्तार कर रहा था
बहुत चाहते हुए भी
उससे मिलने नहीं जा पाया

[दो]

अरसे बाद
तमाम आशंकाओं के साथ

उससे मिलने गया

साहस जुटाकर उस तरफ़ चला क्योंकि इस बीच
उसकी नानी के यहाँ के सारे पेड़
टुकड़े किए जा चुके थे
वहाँ मेरे जैसों की हँसती-खेलती बस्ती आबाद हो चुकी थी
पेड़ों के क़ब्र के निशान वहाँ अब भी मौजूद थे
पर वहाँ आबाद हुए लोग ख़ुश थे कि
इनसानों की तरह असमय मरने से, पेड़ नहीं बनते प्रेत
जब तक ज़िन्दा हों, वे ज़रूर हो सकते हैं प्रेतों का डेरा
इनसानों का भी जवाब नहीं—
ज़िन्दा रहने के लिए पेड़ों का क़त्लेआम करते हैं
और मरने के बाद ज़िन्दा पेड़ों को परेशान करते हैं

बहरहाल, दूर से ही दिख गया वह
सुकून मिला कि वह अब भी मौजूद था वहीं
पहुँचा तो उसे देखकर दिल बैठ गया
बेहद थका और उदास दिख रहा था
कई दिनों से खाना नहीं खाया हुआ-सा
कई दिनों से चिड़ियों के गीतों से भी बेगाना-सा

माफ़ी चाहते हुए उससे कहा—
बहुत चाहते हुए भी नहीं आ पाया तुमसे मिलने
किस मुँह से आता, मेरे जैसों ने
तुम्हारी दुनिया में तबाही मचा रखी है
वह मौन पड़ा रहा, विदाई वाले दिन से भी ज़्यादा
बहुत मिन्नतों के बाद
पेड़ों के संहार के लिए कोई एक शब्द

फुसफुसाया था उसने मेरे कानों में
जैसे इनसानों की हत्या के लिए नरसंहार होता है

वह शब्द मेरे कान में बजता है
दिमाग़ फटा जाता है
पर देवनागरी में उसे लिख नहीं पाता
हिन्दी में उसे कह नहीं पाता

आज वह भी चला गया, असमय हमें छोड़कर
पड़ा है औंधे मुँह अपनी माँ और नानी की ज़मीन पर
पाँच फ़ीट के इनसान की मौत पर
रोता है इनसान बुक्का फाड़कर
इतने बड़े पेड़ की मौत से
कुछ फ़र्क़ नहीं पड़ा सहृदयों की बस्ती पर

अर्जुन की मुस्कान

ततोऽर्जुनः प्रीतमना बभूव विगतज्वरः।
द्रोणश्च सत्यवागासोन्नान्योऽभिभवितार्जुनम्॥

[इस घटना से अर्जुन के मन में बड़ी प्रसन्नता हुई। उनकी भारी चिन्ता दूर हो गई। द्रोणाचार्य का भी वह कथन सत्य हो गया कि अर्जुन को दूसरा कोई पराजित नहीं कर सकता।][1]

मुस्कान किसे अच्छी नहीं लगती
मोनालिसा की तस्वीर में ख़ास वह मुस्कान ही है
जो लियोनार्डो का दिल बनकर उतरी थी रंगों में
बुद्ध की मुस्कान ने कितनों को नींद दी सुकून की
सुकून के दुश्मन इसे सबसे बेहतर जानते हैं

1. सम्भवपर्व (आदिपर्व), अध्याय 131, श्लोक 60, महाभारत-प्रथम खंड, गीता प्रेस गोरखपुर।

मुस्कान तितली के पंखों के रंग हैं
जिन्हें तूफ़ान बेरंग नहीं कर पाते
पर छूते ही हमारे हाथों में गुनाह की तरह उतर आते हैं
मुस्कुराने की कोशिश करता है तानाशाह भी
जब तक कैमरे उसकी तस्वीर नहीं उतार लेते
अपनी कुटिलताओं को छिपाता है कवि
उसकी कल्पनाओं में अट्टहास करते हैं राक्षस
जबकि वे कहीं नहीं होते धरती पर

बीरबल की खिचड़ी नहीं पकी
राजा की अक्ल जगी
उस कहानी में भी सारी रात पानी में खड़ा
ठिठुरता व्यक्ति अनुपस्थित रह जाता है
तारीफ़ होती है बीरबल की अक़्ल की
नायक हो जाते हैं बीरबल
हम उस व्यक्ति को भुला बीरबल की अक़्लमन्दी के
अगले क़िस्से की तरफ़ बढ़ जाते हैं

खिचड़ी नहीं पक सकती थी आग से दूर होकर
द्रोण ज़रूर गुरु हो सकते थे मूर्ति-स्वरूप होकर
माँग सकते थे गुरु-दक्षिणा
दयालुता पर चढ़ा सकते थे ख़ंजर का रंग

उस दिन शब्दवेधी बाण की करामात देख
दुख और खीझ से भर गए थे अर्जुन
गुरु पर हुआ था कोप
द्रोण को झूठा तक कहा
एक बच्चे की तरह किया इसरार—

'झूठ ही कहा था आपने, मुझे बनाएँगे दुनिया का सर्वश्रेष्ठ धनुर्धर
कोई दूसरा न होगा मुझ-सा इस धरा पर'
पसीज गया था द्रोण का हृदय
दृढ़ निश्चय उतर आया था कुटिलता का बाना बन

मूर्ति से बाहर निकल साक्षात्
द्रोण ने गुरु-दक्षिणा में माँग लिया अँगूठा एकलव्य से
एकलव्य ने बेहिचक काटकर पेश कर दिया था अँगूठा
गुरु ने बड़प्पन से कर लिया था स्वीकार
सोचता हूँ—
उस अँगूठे का क्या किया होगा द्रोण ने
डर अँगूठे से था
तो उसको रखा या फेंक दिया
गाड़ दिया होगा किसी गुप्त जगह
या टुकड़े किए होंगे उस अँगूठे के भी कई
डर लाख परतों में हो फिर भी जाता नहीं

द्रोण के सामने पड़े देख उस सबसे क़ाबिल अँगूठे को निस्सहाय
मुस्कुराये थे अर्जुन
उन्हें यक़ीन हो गया था
सचमुच गुरु द्रोण की है उन पर माया बहुत
वही हैं अब धरती के धनुर्धर सर्वश्रेष्ठ
इसरार उनका सफल हुआ था

कथा आगे बढ़ जाती है
अर्जुन की उपदेश सुनने वाली भंगिमा हो जाती है प्रसिद्ध
असल में कथा अर्जुन को मुस्कुराते देख
निकल जाती है तलाश में एक ऐसी दुनिया की

जहाँ युद्ध के लिए मासूमों की क़ुर्बानियाँ नहीं होतीं
जहाँ मुस्कुराहटों में क्रूरता नहीं होती शामिल

यह कैसी कथा है वैशम्पायन
जिसमें अर्जुन ख़ुश होते हैं साथ में आप भी
उनकी तरह आप भी होते हैं आश्वस्त
पर कथाओं का अन्त नहीं होता अपेक्षित
जैसे एक कथा के बाद हज़ारों कथाएँ निकलीं महाभारत से
अन्तहीन इन्तज़ार में रहीं कुछ कथाएँ भी इस आस में
कि कभी तो उनका पक्ष सुना जाएगा
कभी तो कथा के भी ज़ार-ज़ार रोने को सुना जाएगा
इसलिए हर तरह से मोड़े जाने के बावजूद
कथाकार के हाथ से छिटक जाती रही हैं कथाएँ

क्रूरता द्रोण से ज़्यादा उस मुस्कान में थी
जो अब तक स्थिर है उस जंगल में
जहाँ अन्याय को सभ्यता की ज़रूरत बताया गया
जहाँ उनके होने को नहीं होने की तरह बरता गया
जहाँ अँगूठा काटा गया
तेज़ ख़ून का फ़व्वारा फूटा
और सुसज्जित वस्त्र पहने हथियारों से लैस विजेता बताए गए

ग़लत थे कवि
इतिहास टूटे हुए पहियों का आश्रय नहीं लेगा
वह उस मुस्कान के ख़िलाफ़ खड़ा होगा
तीर किसी निरपराध पर न चलाया जाए कहेगा
अपराधी को सज़ा देगा बिना रक्त बहाए
प्रतिभा को मौक़ा देगा बिना सर नवाए

नामालूम कितने ही लोगों को किया गया अनुपस्थित
उनकी अनुपस्थिति गूँजती है हिनहिनाते घोड़ों की बेचैनी की तरह
हम सब जो कहते-कमाते हैं
यह उनकी सदाशयता है
उन्होंने हिसाब माँगा किसी दिन
तो इतिहास टूटे हुए पहियों का आश्रय नहीं लेगा
पहिये तो हमारी ज़िन्दगी की ख़ुशहाली के प्रतीक होना चाहते थे
हमने उन्हें पहले रथों में फिर युद्ध-विमानों के पहियों में तब्दील कर
रफ़्तार के व्याकरण में क़ैद कर दिया

लाक्षागृह में आदिवासी

आयुधागारमादीप्य दग्ध्वा चैव पुरोचनम्।
षट् प्राणिनो निधायेह द्रवामोऽनभिलक्षिता:॥

[युधिष्ठिर अपने भाइयों से कहते हैं : इस आयुधागार में आग लगाकर पुरोचन को जला करके इसके भीतर छह प्राणियों को रखकर हम इस तरह भाग निकलें कि कोई हमें देख न सके।][1]

महाभारत की कथा सुनते हुए
मुझे चिन्ता पांडवों की नहीं होती
हर कथा के अन्त में
कथावाचक के नायक होते ही हैं अन्तत: विजयी
पहले उनके विजयी होने की ख़बरें फैलाई जाती हैं

---

1. जतुगृहपर्व (आदिपर्व), अध्याय 147, श्लोक 04, महाभारत—प्रथम खंड, गीता प्रेस, गोरखपुर।

फिर सुनाई जाती है कथा तफ़सील से

एकलव्य की चिन्ता होती है
पर उसकी अदम्य जिजीविषा पर यक़ीन है
वह बिना अँगूठे के भी साध लेगा निशाना
सिखाएगा अपने वंशजों को
तर्जनी और मध्यमा के संयोग से तीर चलाना
और हर हाल में बचे रहने का हुनर

माँ के गर्भ से ही
युद्ध के गुर सीखने वाले अभिमन्यु के प्रति होती है सहानुभूति
सोचता हूँ, कैसी दुनिया में आ रहे हो अभिमन्यु
जहाँ तय है जन्म से पहले ही तुम्हारी मृत्यु
कथा सुनते हुए कथावाचक का सम्मोहन होता है हावी
दोषी मानते हैं श्रोता सुभद्रा को अभिमन्यु के मारे जाने का
सम्मोहन से बाहर अब भी नहीं सोचते हम
कि एक ऐसी स्त्री को कैसे हो सकती है अभिरुचि उस युद्ध में
जिसमें सम्भावित है मृत्यु उसके होने वाले शिशु की
अभिमन्यु की मृत्यु पर उस माँ का आर्तनाद बताता है
अनायास नहीं था उस रात सुभद्रा का सो जाना
मर्दों और युद्ध की हिंसा से भरे समय में
वह मासूम कोशिश थी एक माँ की
अपने जिगर के टुकड़े को बचाने की
पर स्त्रियाँ आज भी कहाँ बचा पाती हैं दोषारोपण से ख़ुद को
और षड्यंत्रों से अपने बच्चों को

कर्ण के बारे में सोचते हुए थोड़े समय के लिए आँखें भर आई हैं
जब भरी सभा में उसे पहचानने से इनकार कर देती है उसकी माँ

उसकी वीरता में उसकी क्षत्रिय माता के रक्त होने को
अन्ततः प्रमाणित कर ले जाता है कथाकार
और वह सूर्यपुत्र के नाम से होता है विख्यात
सूतपुत्र कर्ण भी चुनता है सत्य का अपना पक्ष
जिसकी प्रशस्ति हथियारों से लिखी जाती है

हर्ष हुआ था देखकर—
लाक्षागृह में कुंती द्वारा आयोजित भोज में
आमंत्रित थे आदिवासी भी
राजप्रासाद में उनके प्रवेश पर किसी को नहीं थी आपत्ति
यहाँ तक कि मदिरा तक का था इन्तज़ाम उनके लिए
जंगल में रहने वाली भीलनी और उनके बेटों के लिए यह एक नया अनुभव था
रोमांचित हो रहे थे वे अनुपम सौन्दर्य उस महल का देखकर
अपार हर्ष से भरे जा रहे थे पांडवों और उनकी माता के व्यवहार से
उन्हें अब डर नहीं था क्रूर शासन से
उन्होंने भी मान लिया था तन-मन से अपना राजा पांडवों को
यक़ीन हो गया था निर्भय-स्वच्छंद रह सकते हैं उनके राज में

पता नहीं मदिरा का नशा था
या महल की चकाचौंध हावी थी उन आदिवासी माँ-बेटों पर
या वह यक़ीन था अपने शासकों पर जो बनकर आया था नींद का झोंका
जन्मेजय को महाभारत की कथा सुनाते वैशम्पायन कहते हैं—
उस रात वे मौजूद थे लाक्षागृह में देवताओं की इच्छा से

निश्चिन्त सोई भीलनी माता अपने पाँचों बेटों के साथ
वैसी नींद फिर कभी नहीं सोई जैसे
झुलसाते तापमान से जब टूटी उनकी तन्द्रा

आग ही आग थी चारों तरफ़
चीख़-पुकारें थीं आपस की
एक दूसरे की आँखों के सामने
एक-एक कर जलकर गलते जिस्म के टुकड़े थे
कहा न जा सके किसी भी भाषा में ऐसा हाहाकार था
महाभारत की उस कथा की सबसे बड़ी तबाही थी
उन्हें नहीं पता था सुरंग का
जैसे जनता को नहीं होती ख़बर शासकों के षड्यंत्र की
जंगल में रहने वालों का महल में यह त्रासद अन्त था
इसके आगे महाभारत की कथा का नहीं कोई अर्थ था

जो मारे गए उन्हें नहीं पता था
ज़मीन के लिए भी ली जा सकती हैं जानें
अपनी जान बचाने के लिए
जान ली जा सकती है मासूमों की बिना किसी ग्लानि के
प्रकृति के खुले प्रांगण में रहने वाले कैसे जान सकते थे
महज़ पाँच गाँवों के एवज़ में
रचा जा सकता है ऐसा भीषण युद्ध
जिससे कराह उठेगी धरती
धू-धू कर जलेगा जंगल
न सिर्फ़ निरपराधी मनुष्य
बल्कि मारे जाएँगे खांडव वन के निरीह वन्य-प्राणी भी

पूरा वारणावत ख़ुश था अपने शहर में कुंती और पांडवों के प्रवास से
पुण्य भोग रहे हों जैसा महसूस हुआ था उन्हें
उसी शहर में बनाया गया है पांडवों की हत्या के निमित्त लाक्षागृह
तनिक भी ख़बर नहीं थी उन्हें

जलकर भस्म हुए लाक्षागृह को देखकर
विलाप कर रहा था पूरा वारणावत शहर
पांडवों और कुंती के विलाप में कराह-कराह हुआ था शहर बेसुध
पर उनके लिए नहीं जिनकी लाशें थीं सम्मुख
बाद में फिर नहीं विलापा वारणावत
कुंती, युधिष्ठर, अर्जुन, भीम, नकुल, सहदेव का नाम ले-लेकर
थाह न मिल पाए ऐसी पीड़ा से विलाप रहे थे महाबली भीष्म
पर विदुर से सूचना मिलते ही पांडवों के
लाक्षागृह से जीवित बच निकलने की
भीग गईं आँखें ख़ुशी से भीष्म की

मौत किसी की भी श्रेयस्कर नहीं होती
पांडवों की भी नहीं, कौरवों की भी नहीं
मासूमों की तो बिल्कुल नहीं
जब भी मारा जाता है कोई निरपराधी
पृथ्वी की आयु से एक पल छिटक जाता है
दुख का बोझ उस पर बढ़ जाता है
जंगल की अपनी प्यारी दुनिया में
बेफ़िक्र जो जीते रहे लहराते से
जिन्होंने नहीं चाहा कुछ भी
सिवाय हरियाली के
वे बने शिकार युद्ध की राजनीति के

मरने वाले उन मासूमों के लिए जब रोया उनका जंगल
नदी ने एलान किया शोक का
पर पता नहीं चला इसका महाभारतकार को
उसकी ख़ुशी पांडवों के बच जाने में समाहित थी
कौरवों के और एक बार हार जाने से वह बेहद उत्साहित था

फिर से उसने असत्य को जीतने से रोक दिया था अपनी वाणी से
यह बात उसके गर्व से ख़ुश हो जाने के लिए फ़िलहाल काफ़ी थी

पांडव होते हैं विजयी
कौरवों को होना ही था पराजित
'सत्य' जीत जाता है
'असत्य' अन्ततः हारता है कथा में
कथा सुनते हम बस इन्तज़ार में होते हैं पांडवों की जीत के

कथा सुनने वाले हम कई सौ वर्ष बाद आज भी
जानते हुए पांडवों की जगह
जलकर मरे थे छह आदिवासी
ख़ुश होते हैं बच गए पांडव सभी और माता कुंती
आश्वस्त होते हैं फिर से हुई है मात बुरे कौरवों के षड्यंत्र की
हमारी चेतना में नहीं रही जगह आदिवासियों के लिए
आज भी कई सौ वर्ष बाद
टीवी पर देखते हुए महाभारत
और लाक्षागृह में जलते आदिवासी
हमें ख़ुशी से ही भरते हैं

सत्य और असत्य की कथित लड़ाई में
शहीदी देते हैं आदिवासी
बिना किसी नज़र को प्रभावित किये
मैंने कई कविताएँ और कहानियाँ पढ़ी हैं
महाभारत की कथा से प्रेरित
देखा है 'सत्य' को जीतते और 'असत्य' को हारते हुए
पर ज़िक्र तक नहीं सुना उनका जो

इस जीत-हार पर अंकित हैं कुर्बानी की तरह
सत्य-असत्य की इस लड़ाई में मारे गए जो निरपराध ही

बार-बार उस कथा को दोहराते
उस कथा को सुनते
मारे जा रहे हैं बारम्बार वे निरपराध ही

हम लौट रहे हैं

रिमिल टुडू ने
सामने की तरफ़ दिख रहे
पहाड़ को दिखाते हुए कहा—
हमारी चिन्ता इसे बचाने की है
हँसी आई न?
तुम्हारे सभ्य चेहरे की
इस ख़ास कुटिल मुस्कान को
समझने लगे हैं अब
हमें मुस्कुराहटों में ज़हर
घोलने की आदत नहीं
इसलिए समझते देर लगी

कितना कुछ समझते?
हमारे फ़ुटबॉल के मैदानों को

कब तुमने क्रिकेट के मैदानों में बदल दिया
हम समझ ही नहीं पाए
मैदान में खेलने वाले
तुम्हारे लोगों की संख्या बढ़ती गई
हमारे फ़ुटबॉल मैच को जितने लोग नहीं देखते
उससे कहीं ज़्यादा तुम्हारे खेलने वाले होने लगे
एक ही मैदान पर बारह-बारह पिच बन गए
इस भीड़ में खेलते कैसे हो तुम लोग?
हम तो देखते हुए भी ओझरा जाते हैं
हमें तो खुले आसमान के नीचे
एक मैदान पर एक ही मैच खेलना आता है

खेल ही तो है
सोचकर खेलते देखते रहे तुम्हें
पर खेल तो कहीं और रहे थे तुम
जब तक समझ पाते
हम शहरों की पराई गलियों में धकेल दिए गए
अपने ही घर में परदेशी बना दिए गए
हमारे ही गाँव, टोला, मुहल्लों से
हमारे लोग एक-एक कर ओझल होते गए
तेज़ी से बढ़ते तुम्हारे घरों की क़तारों ने
हमारी ज़मीन पर
गलियों का सैलाब ला दिया था
तुम्हारी उन गलियों से गुज़रते
तकलीफ़ होने लगी थी हमें

हमीं से बुलन्दी चढ़ते रहे
और तुम्हारी आँखों में हमीं चुभते रहे

अरे हाँ! आँखों पर ख़ूब गीत-कविताएँ लिखी हैं
तुम लोगों ने
तीर, कमान, झील, दरिया पता नहीं कितना कुछ कहा है आँखों को?
ठग तक कहा है
हम ही नहीं समझ पाए
बार-बार ठगे जाते रहे
और तुम्हारे ही बनाए गाने
मशग़ूल हो अपने ख़िलाफ़ गाते रहे

आँखों पर इतना प्यार बरसाने वाले तुम लोग
ऐसी आँखें कहाँ से लाए
जो पहाड़ देखती हैं तो पैसा देखती हैं
नदी देखती हैं तो पैसा देखती हैं
पेड़ देखती हैं तो पैसा देखती हैं
हमें देखती हैं तो फ़ायदा देखती हैं

सचमुच इतने कमाल की आँखें
कहाँ से पाईं?
कहो अपने गीतकारों से
क़सीदे पढ़ें फिर से तुम्हारी इन मतवाली आँखों के
पूछो कि काले चेहरे पर क्यों नहीं जँच सकता काला चश्मा?
हमारे चेहरे पर क्यों नहीं जँच सकता?
हमारी नहीं तो
अपने ही घर के कालों की फ़िक्र कर लेते
जो बेचारे 'बुरी नज़र वाले तेरा मुँह काला' लिखी गाड़ियों में
ख़ुशियों से लहराते फिरते हैं

ख़ैर,
तुम्हारी तुम जानो
हमारी भी अब हम ही जानेंगे
जंगल, पहाड़, नदियों के उजड़ने से
सरना माँ नाराज़ हो जाती हैं
कोप बरसाने लगते हैं सिंग बोंगा भी
मीलों-मील पैदल चलकर
हम वापस लौट रहे हैं
तुम्हारी कभी न ख़त्म होने वाली गलियों से
अपने खुले आसमान में वापस जा रहे हैं

डरो मत
तुम्हारे काटे हुए पेड़ों का हिसाब
तुम्हारे बच्चों से नहीं माँगेंगे
ऑक्सीजन! हमारे हिस्से के पेड़
पहुँचाते रहेंगे उन तक
बस हो सके
तो अगली बार जब धूप में निकलो
अपने बच्चों को
इमारत की छाँव और
पेड़ की छाँव में
फ़र्क़ करना सिखाना